建设机械岗位培训教材

铣刨机安全操作与使用保养

住房和城乡建设部建筑施工安全标准化技术委员会
中国建设教育协会建设机械职业教育专业委员会
组织编写

温雪兵　主编

中国建筑工业出版社

图书在版编目（CIP）数据

铣刨机安全操作与使用保养/住房和城乡建设部建筑施工安全标准化技术委员会，中国建设教育协会建设机械职业教育专业委员会组织编写. —北京：中国建筑工业出版社，2018.9

建设机械岗位培训教材

ISBN 978-7-112-22613-9

Ⅰ.①铣… Ⅱ.①住… ②中… Ⅲ.①铣刨机-操作-岗位培训-教材 Ⅳ.①U415.52

中国版本图书馆 CIP 数据核字（2018）第 200173 号

本书是建设机械岗位培训教材之一，内容包括铣刨机相关的行业认知，原理与组成，操作与维护，安全与防护，相关标准，常用标志标识等。

本书可作为铣刨机操作保养人员岗位培训教材，也可供相关专业技术人员参考使用。

责任编辑：朱首明　李　明　刘平平

责任校对：刘梦然

建设机械岗位培训教材

铣刨机安全操作与使用保养

住房和城乡建设部建筑施工安全标准化技术委员会
中国建设教育协会建设机械职业教育专业委员会　组织编写

温雪兵　主编

*

中国建筑工业出版社出版、发行（北京海淀三里河路 9 号）

各地新华书店、建筑书店经销

北京红光制版公司制版

北京建筑工业印刷厂印刷

*

开本：787×1092 毫米　1/16　印张：6　字数：148 千字

2018 年 10 月第一版　　2018 年 10 月第一次印刷

定价：**22.00** 元

ISBN 978-7-112-22613-9

（32715）

建设机械岗位培训教材编审委员会

主 任 委 员：李守林

副主任委员：王　平　李　奇　沈元勤

顾 问 委 员：荣大成　鞠洪芬　刘　伟　姬光才

委　　　员：（按姓氏笔画排序）

王　进　王庆明　邓年春　孔德俊　师培义　朱万旭

刘　彬　刘振华　关鹏刚　苏明存　李　飞　李　军

李明堂　李培启　杨惠志　肖　理　肖文艺　吴斌兴

陈伟超　陈建平　陈春明　周东蕾　禹海军　耿双喜

高红顺　陶松林　葛学炎　鲁轩轩　雷振华　蔡　雷

特别鸣谢：

中国建设教育协会秘书处

中国建筑科学研究院有限公司建筑机械化研究分院

北京建筑机械化研究院有限公司

中国建设教育协会培训中心

中国建设教育协会继续教育专业委员会

中国建设劳动学会建设机械技能考评专业委员会

住建部标准定额研究所

全国建筑施工机械与设备标准化技术委员会

住房和城乡建设部建筑施工安全标准化技术委员会

中国工程机械工业协会租赁分会

中国工程机械工业协会用户工作委员会

中国工程机械工业协会筑路机械分会

中国工程机械工业协会标准化工作委员会

中国工程机械工业协会施工机械化分会

中联重科股份有限公司

三一重工股份有限公司

陕西建设机械有限公司

中交西安筑路机械有限公司

徐工筑路机械有限公司

卡特比勒—中国（利星行）

方圆集团有限公司

日立建机有限公司

合肥湘元工程机械有限公司

辽宁恒力工程机械有限公司

国家建筑工程质量监督检验中心施工机具检测部

廊坊凯博建设机械科技有限公司

河南省建筑安全监督总站

长安大学工程机械学院

山东德建集团

北京燕京工程管理有限公司

中国建设教育协会建设机械领域骨干会员单位

前　言

铣刨机在我国的生产使用从 20 世纪 80 年代初起步，至今有 30 多年历史。作为路面机械维护维修机械化作业的骨干机种，已广泛使用在路面作业、路桥施工等工程领域，成为道路、桥梁、市政工程机械化施工标配设备。随着机械化施工的普及，作业人员对路面铣刨机操作、维修保养及其施工运用等提出了知识更新的需求。

为推动路面机械化施工领域作业岗位能力培训工作，中国建设教育协会建设机械职业教育专业委员会联合住房和城乡建设部施工安全标准化技术委员会共同设计了建设机械岗位培训教材的知识体系和岗位能力的知识结构框架，并启动了岗位培训教材编制工作，得到了行业主管部门、高等院校、行业龙头骨干厂、高中职校会员单位和业内专家的大力支持。住房和城乡建设部建筑施工安全标准化技术委员会、全国建筑施工机械与设备标准化技术委员会、中国建设教育协会建设机械职业教育专业委员会联合中国建筑科学研究院有限公司、北京建筑机械化研究院、武警部队交通指挥部培训基地会同卡特彼勒、中联重科、三一重工、日立、小松、斗山等骨干会员组织编写了本教材，全面介绍了路面铣刨机行业知识、岗位能力要求、基本原理、设备操作与维修保养、安全作业与工法运用以及路面铣刨机在各领域的应用，对于普及路面机械化施工知识将起到积极作用。

本教材由中国建筑科学研究院有限公司建筑机械化研究分院温雪兵主编，中国建筑科学研究院有限公司建筑机械化研究分院王春琢、王平任副主编并统稿。原中国工程机械工业协会筑路机械分会姬光才会长和长安大学工程机械学院王进教授担任主审。

本教材编写过程中得到了中国建设教育协会建设机械职业教育专业委员会各会员单位的大力支持。参加教材编写的有：中国建筑科学研究院有限公司建筑机械化研究分院张淼、张磊庆、孟竹、鲁卫涛、刘贺明、陈晓锋、鲁云飞、谢丹蕾、安志芳、刘承桓等，河北公安消防总队李保国，大连交通学院宋琰玉，衡水龙兴房地产开发公司王景润，国家建工质检中心施工机具检测部王峰、郭玉增、陶阳、韦东、崔海波、刘垚、罗马，北京建筑机械化研究院有限公司李静、于景华、李科峰、刘惠彬、刘研、刘双、尹文静，中国京冶工程技术有限公司胡培林、胡晓晨，中联重科混凝土机械公司谭勇，三一重机职业培训学校鲁轩轩，陕西建设机械股份有限公司雷振华，浙江开元建筑安装集团余立成，中建一局北京公司秦兆文，衡水市建设工程质量监督检验中心王项乙，武警交通指挥部培训中心刘振华、林英斌，廊坊凯博建设机械科技有限公司恩旺、鲁云飞、孟晓东，住房和城乡建设部标准定额研究所雷丽英、毕敏娜、姚涛、张惠锋、刘彬、郝江婷、赵霞，中国建设劳动学会夏阳，山东德建集团胡兆文、李志勇、田长军、张宝华、唐志勃、张元刚、张廷山、桑长利、于静，河南省建设工程安全监督站牛福增、陈子培、马志远，河南省建筑工程标准定额站朱军，河南省建筑科学研究院有限公司冯勇、岳伟保，北京城市副中心行政办公区工程建设办公室安全生产部曾勃，北京燕京工程管理有限公司马奉公，北京市建筑机械材料检测站王凯晖，郑州大博金职业培训学校禹海军，南宁群健工程机械职业培训学校刘彬，重庆市渝北区贵山职业培训学校邢锋，宝鸡东鼎工程机械职业培训学校师培义等。

本教材编写过程中得到了中国建设教育协会刘杰、李平、王凤君、李奇、张晶、傅钰等领导和专家精心指导，中国工程机械工业协会李守林副理事长、工程机械租赁分会田广范理事长、桩工机械分会刘元洪理事长、筑路机械分会张西农教授、中国工程机械协会用户工作委员会侯宝佳秘书长等业内人士不吝赐教和大力支持。本书作为建设机械岗位公益培训教材，所选场景、图片均属善意使用，编写团队对行业厂商品牌无任何倾向性，谨向与编制组分享资料、图片和素材的机构人士表达敬意，一并致谢。

限于时间和能力，教材中难免存在不足之处，敬请广大读者批评指正。

目　　录

第一章　行　业　认　知

第一节　产　业　简　史

铣刨机作为公路及城市道路养护的专用设备，主要应用于公路、机场、码头、货场、停车场、车间等沥青混凝土面层的机械化开挖、翻修，沥青路面涌包、油浪、网纹、车辙、路面标记等的机械化清除作业，水泥路面拉毛、面层错台铣平、开挖坑槽、局部路面修补等机械化作业场合。

一、国外产业现状

国外铣刨机主要经历了由热铣式到冷铣式，由无集料装置到有自动集料装置的产品技术发展历程。

20 世纪 50 年代，日本研制了世界上第一台“日本国产一号”电热式铣刨机。

20 世纪 60 年代，日本利用平地机改装制造成铣刨机，制成世界上首台冷铣式沥青路面铣刨机。

1971 年，德国维特根公司研制了世界首台真正独立工作的小型铣刨机。

1980 年，德国维特根公司开发了带有直接收集铣削废料装置的小型冷铣刨机。

20 世纪 90 年代，德国维特根公司 W2200 型号的铣刨机是冷铣刨技术中的典型代表。同时，美国 CMI 公司和卡特彼勒公司、意大利比泰利公司和玛连尼公司也研发了冷铣刨机等新产品。这样，国外铣刨机机型形成了两大风格流派：以美国卡特彼勒公司和 CMI 公司为代表的北美风格和以德国维特根公司为代表的欧洲风格。

国外铣刨机主要生产厂家及产品情况见表 1-1。

国外铣刨机主要生产厂家及主要产品　　　　**表 1-1**

冷铣刨机产品技术参数							
生产厂家	型号	铣刨宽度（mm）	铣刨深度（mm）	工作速度（m/min）	行驶速度（km/h）	发动机功率（kW）	结构质量（t）
德国维特根	W500	500	160	10	8.0	79.0	7.4
	W1000L	1000	250	10	11.0	104	15.0
	SF500C	500	48	6	18.0	43.3	4.0
	SF1200C	1200	120	20	6.0	104.5	11.0
	SF1300C	1300	150	30	6.0	175.4	17.9
	SF1500C	1500	150	18	6.0	204.5	18.0
	SF1900C	1900	150	18	6.0	287.3	27.4
	SF2100C	2100	150	20	15.5	359.7	30.0
	SF2200C	2200	180	26	6.0	467.9	35.5
	SF2600C	2600	180	26	6.0	560.0	38.0

续表

冷铣刨机产品技术参数							
生产厂家	型号	铣刨宽度（mm）	铣刨深度（mm）	工作速度（m/min）	行驶速度（km/h）	发动机功率（kW）	结构质量（t）
德国维特根	1300DC	1320	300	31	4.5	297.0	24.5
	1500DC	1500	300	31	4.5	297.0	24.7
	1900DC	1905	300	31	4.5	297.0	25.3
	2000DC	2010	300	31	4.5	297.0	25.4
意大利比泰利	SF100	1000	250	40	6.0	131.0	13.5
	SF200L	2000	320	30	4.5	370	28.7
美国卡特彼勒	PR105	305	152	98	5.0～8.0	67.2	7.7
	PR450	1905	254	53	2.0～3.0	335.8	24.9
瑞典戴纳派克	PL500	500	80	13	10.0	62.5	7.1
	PL2000	1980	150	26	3.3	294.0	31.7
意大利玛连尼	MP2000	2010	320	33	4.7	364.0	27.0

二、国外产品技术特点

国外中小型铣刨机常选用德国道依茨风冷柴油机，大型机选用美国康明斯或卡特彼勒等公司的水冷柴油机。功率小的30～40kW，最大可达550kW。

行走方式分为轮胎式和履带式两种：轮胎式具有机动灵活、转运方便和适宜狭小区域作业等优点；履带式机型附着力大，自找平性能好。国外新型铣刨机轮胎和履带涉及了可互换行走机构，提高了机器适应性和使用性能。驱动方式有前桥转向驱动；三轮、三履带或四轮、四履带独立驱动等型式，集成运用机、电、液装置协调控制，实现机器转向和同步要求。

工作装置一般采用转子式铣刨鼓结构，有顺铣和逆铣两种，绝大多数采用逆铣，刀具由几十个甚至一百多个，按左、右螺旋线均匀排列在铣刨鼓上。铣刨鼓的驱动有机械式和液压式两种，机械式由发动机输出动力后，经皮带传送给位于铣刨鼓内的齿轮减速器，再驱动铣刨鼓。如德国维特根部分机型采用全液压驱动，优点是安装布置较简单，容易实现缓冲和安全保护功能。

随着环保要求的日益严格，越来越多的铣刨机配备了旧料自动回收装置，将铣削下来的旧料通过皮带输送机直接卸入运输车辆内。

国外铣刨机产品发展趋势如下：

机电液一体化技术、全轮驱动技术等是铣刨机关键技术发展方向，包括融入许多电子信息技术，使铣刨机越来越人性化，工作效率越来越高。发动机功率增大、精确自动找平控制、智能化故障诊断维护系统、安全自保护系统、快速更换刀具系统、功率自动分配系统、灵活的废料输送系统、大容量容器延长作业周期，提高了工作效率；小型铣刨机技术大型化、多功能刮板、轮胎行走装置向大中型铣刨机方向发展。

铣刨机底盘主要以全刚性车架和四轮行走机构组成，并且行走机构的驱动以及转向方式都是以静液压传动为主。自动液压功率调节器可根据路面硬度和工作条件自动控制调整转子进刀量，使铣刨机在不发生超负荷工作条件下，充分发挥最佳铣削功率。一次铣削深度可超过 300mm，使铣刨机对整个行车道全厚度铺层只进行一次铣削成为可能，提高了铣刨机生产效率。普遍采用了模块化设计，发动机和与其连接的液压泵、液压阀以及冷却系统都安装在同一底架上，并且所有的电磁阀都装在同一个分配阀上，利于调整检测和维修。

三、国内产业现状

20 世纪八九十年代，国内建设的多条高速公路陆续进入大修期，国内市场对路面铣刨机需求明显增加。1990 年，天津市道桥机修厂研制出 LZ-1000 型铣刨机。而国内厂家在加强自主研发的同时，开始引进、消化和吸收德国维特根公司和瑞典戴纳派克公司等国外铣刨机先进制造技术，开启自主研发步伐。目前国内铣刨机产业规模化已初现，出现了徐工筑路、中联重科、三一重工、镇江华通、天津鼎盛和西安宏大等 20 多家铣刨机生造产制企业。

目前国内厂商主要产品有：徐工筑路 XM100、XM101、XM210；镇江华通 LXZY500、LXZYl000B、LXZYH1000、LXZYH1300；天津鼎盛 LX1000、LX1300、LX2000；西安宏大 CM1000、CM1300、CM1600、CM1900、CM2000；沈阳北方 KFX2200、KFX2000、KFX1200、KFX1000Q；陕西建设 CM2000；西安筑路 LX200；国内主要铣刨机厂家及机型，见表 1-2。

国内主要铣刨机生产厂家及主要机型　　表 1-2

生产厂商	型号	铣刨宽度（m）	行走方式	控制方式
陕西建设机械股份有限公司	CM2000	2.0	履带式	数字电子
西安宏达交通科技有限公司	CM1900	1.9	履带式	数字电子
	CM1200	1.2	轮式	数字电子
西安筑路机械公司	LX200	2.0	履带式	数字电子
徐州徐工筑路机械有限公司	XM200	2.0	履带式	数字电子
	XM101	1.0	轮式	
	XM100	1.0	轮式	
镇江华晨华通路面机械有限公司	LXZYH2000	2.0	轮式	数字电子
	LX1000	1.0	轮式	
沈阳北方交通工程公司	KFX2200	2.2	履带式	数字电子
	KFX2000	2.0	履带式	数字电子
	KFX1000	1.0	轮式	
天津鼎盛工程机械有限公司	LX1000	1.0	轮式	

四、国内产品存在不足

目前国内铣刨机在行业共性技术上仍存在一定不足，主要表现在：国内缺乏混凝土切割理论和基础实验研究；铣刨刀具速度不合理，铣刨系统设计不完善；作业时工况监测能力不足，机器故障预警及自动化保护能力有限。铣刨深度、自动避让障碍物、整机自控系统等综合技术尚不能完全满足各种施工要求。

值得欣喜的是，国内企业通过持续自主创新，已经可以生产制造铣刨宽度为 2m，最大铣刨深度为 300mm，具有自动切深控制和收料装置的中大型路面铣刨机。如，陕西建设机械股份有限公司生产的 CM2000 铣刨机和西安宏大交通科技有限公司生产的 CM1900 铣刨机和 CM1200 铣刨机，整机达到国际先进水平。

目前我国市场上的国产机型在动力系统、液压系统和控制系统均采用了国际化配套，系统配置上达到国际先进水平，但在铣刨宽度 2m 以上的高端产品领域，国外产品处于领先优势。国产中档机型普遍实现了铣刨宽度 1m 左右，在国内市场开始占据优势，能满足国内高等级公路和市政道路养护要求，性价比方面有较大竞争优势。

第二节　从　业　要　求

一、岗位能力

岗位能力主要是指针对某一行业某一工作职位提出的在职实际操作能力。

岗位能力培训旨在针对新知识、新技术、新技能、新法规等内容开展培训，提升从业者岗位技能，增强就业能力，探索职业培训的新方法和途径，提高我国职业培训技术水平，促进就业。

国家实行先培训后上岗的就业制度。根据最新的住房和城乡建设部建筑工人培训管理办法，工人可由用人单位根据岗位设置自行实施培训，也可以委托第三方专业机构实施培训服务，用人单位和培训机构是建筑工人培训的责任主体，鼓励社会组织参与培育建筑工人队伍工作。

铣刨机设备业主、使用操作、维护管理的岗位人员可通过设备服务商，接受客户培训、专业技术培训、安全知识培训，获得设备使用维护和操作专业知识和必要的技能。

在市场化培训服务模式下，学员可以在住房和城乡建设部主管的中国建设教育协会建设机械职业教育专业委员会的会员定点培训机构，自愿报名注册参加培训学习，考核通过后取得岗位培训合格证书（含操作证）；该学习培训过程由培训服务市场主体基于市场化规则开展，培训合格证书由相关市场主体自愿约定采用。该证书是学员通过专业培训后具备岗位能力的证明，是工伤事故及安全事故裁定中证明自身接受过系统培训、具备基本岗位能力的辅证；同时也证明自己接受过专业培训，基本岗位能力符合建设机械国家及行业标准、产品标准和作业规程对操作者的基本要求。

学员发生事故后，调查机构可能追溯学员培训记录，社保机构也将学员岗位能力是否合格作为理赔要件之一。中国建设教育协会建设机械职业教育专业委员会作为行业自律服务的第三方，将根据有关程序向有关机构出具学员培训记录和档案情况，作为事故处理和保险理赔的第三方辅助证明材料。因此学员档案的生成、记录的真实性、档案的长期保管显得较为重要。学员进入社会从业，经聘用单位考核入职录用后，还须自觉接受安全法规、技术标准、设备工法及应急事故自我保护等方面的变更内容的日常学习，以完成知识更新。

国家鼓励劳动者在自愿参加职业技能考核或鉴定后，获得职业技能证书。学员参加基础培训考核，获取建设类建设机械施工作业岗位培训证明，即可具备基础知识能力；具备一定工作经验后，还可通过第三方技能鉴定机构或水平评价服务机构参加技能评定，获得相关岗位职业技能证书。

二、从业准入

所谓从业准入，是指根据法律法规有关规定，从事涉及国家财产、人民生命安全等特种职业和工种的劳动者，须经过安全培训取得特种从业资格证书后，方可上岗。

对属于特种设备和特种作业的岗位机种，学员应在岗位基础知识能力培训合格后，自觉接受政府和用人单位组织的安全教育培训，考取政府的特种从业资格证书。2012 年起，工程建设机械已经不再列入特种设备目录（塔式起重机、施工升降机、大吨位行车、叉车等少数机种除外）。混凝土布料机、旋挖钻机、锚杆钻机、挖掘机、装载机、高空作业车、平地机、路面机械等大部分建设机械机种目前已不属于特种设备，在不涉及特种作业的情况下，对操作者不存在行业准入从业资格问题。

注意：该机种设备如果使用不当或违章操作，会造成周边设备及设备自身的损坏，对施工人员安全造成伤害。从业人员须经基础知识能力培训合格基础上，经过用人单位审核录用，并进行安全交底和技术交底，获现场主管授权，方可上岗操作。

路面施工中，因场合、场所环境不同，驻地的安全监管政策、从业准入规定可能存在差异，操作者应熟悉驻地项目监管规定，遵守当地管理规定。

三、知识更新和终身学习

终身学习指社会每个成员为适应社会发展和实现个体发展的需要，贯穿于人的一生的持续的学习过程。终身学习促进职业发展，使职业生涯的可持续性发展、个性化发展、全面发展成为可能。终身学习是一个连续不断的发展过程，只有通过不间断的学习，做好充分的准备，才能从容应对职业生涯中所遇到的各种挑战。

建设机械施工作业的法规条款和工法、标准规范的修订周期一般为 3～5 年，而产品型号技术升级则更频繁，因此，建设行业的施工安全监管部门、行业组织均对施工作业人员提出了在岗日常学习和不定期接受继续教育的要求，目的是为了保证操作者及时掌握设备最新知识、标准规范和有关法律法规的变动情况，保持施工作业者的安全素质。

施工机械设备的操作者应自觉保持终身学习和知识更新、在岗日常学习等，以便及时了解岗位相关知识体系的最新变动内容，熟悉最新的安全生产要求和设备安全作业须知事项，才能有效防范和避免安全事故。

终身学习提倡尊重每个职工的个性和独立选择，每个职工在其职业生涯中随时可以选择最适合自己的学习形式，以便通过自主自发的学习在最大和最真实程度上使职工的个性得到最好的发展。兼顾技术能力升级学习的同时，也要注意职工在文化素质、职业技能、社会意识、职业道德、心理素质等方面的全面发展，采用多样的组织形式，利用一切教育学习资源，为企业职工提供连续不断的学习服务，使所有企业职工都能平等获得学习和全面发展的机会。

第三节　职 业 道 德 常 识

一、职业道德的概念

职业道德是指所有从业人员在职业活动中应该遵循的行为准则，是一定职业范围内的特殊道德要求，即整个社会对从业人员的职业观念、职业态度、职业技能、职业纪律和职业作风等方面的行为标准和要求。属于自律范围，它通过公约、守则等对职业生活中的某些方面加以规范。

二、职业道德规范要求

建设部1997年发布的《建筑业从业人员职业道德规范（试行）》中，对建筑从业人员相关要求如下：

1. 建筑从业人员共同职业道德规范

（1）热爱事业，尽职尽责

热爱建筑事业，安心本职工作，树立职业责任感和荣誉感，发扬主人翁精神，尽职尽责，在生产中不怕苦，勤勤恳恳，努力完成任务。

（2）努力学习，苦练硬功

努力学文化、学知识，刻苦钻研技术，熟练掌握本工种的基本技能，练就一身过硬本领。努力学习和运用先进的施工方法，钻研建筑新技术、新工艺、新材料。

（3）精心施工，确保质量

树立“百年大计、质量第一”的思想，按设计图纸和技术规范精心操作，确保工程质量，用优良的成绩树立建安工人形象。

（4）安全生产，文明施工

树立安全生产意识，严格安全操作规程，杜绝一切违章作业现象，确保安全生产无事故。维护施工现场整洁，在争创安全文明标准化现场管理中做出贡献。

（5）节约材料，降低成本

发扬勤俭节约优良传统，在操作中珍惜一砖一木，合理使用材料，认真做好落手轻、现场清，及时回收材料，努力降低工程成本。

（6）遵章守纪，维护公德

要争做文明员工，模范遵守各项规章制度，发扬团结互助精神，尽力为其他工种提供方便。

提倡尊师爱徒，发扬劳动者的主人翁精神，处处维护国家利益和集体利益，服从上级领导和有关部门的管理。

2. 中小型机械操作工职业道德规范

（1）集中精力，精心操作，密切配合其他工种施工，确保工程质量，使工期如期完成。

（2）坚持“生产必须安全，安全为了生产”的意识，安全装置不完善的机械不使用，有故障的机械不使用，不乱拉私接电线。爱护机械设备，做好维护保养工作。

（3）文明操作机械，防止损坏他人和国家财产，避免机械嘈杂声扰民。

第二章　原 理 与 组 成

第一节　产　品　分　类

一、按铣削形式分类

根据铣削形式，铣刨机可分为冷铣式和热铣式两种。冷铣式配置功率较大，刀具磨损较快，切削料粒度均匀，可设置洒水装置喷水，使用广泛，产品已成系列，如图 2-1 所示；热铣式由于增加了加热装置而使结构较为复杂，一般用于路面再生作业，热铣式是通过使用燃气、红外线的加热装置如图 2-2 所示，将路面加热后再铣刨的工作方式，冷铣式是在常温下直接对路面进行铣削作业。相比之下，冷铣式铣刨机具有使用成本低、铣深范围广及不污染环境等优点。

图 2-1　冷铣式铣刨机

图 2-2　热铣式铣刨机

二、按铣削转子的旋转方向分类

按铣削转子的旋转方向，可分为顺铣式和逆铣式两种。转子的旋转方向与铣刨机行走时的车轮旋转方向相同的为顺铣式，反之则为逆铣式，如图 2-3 所示。

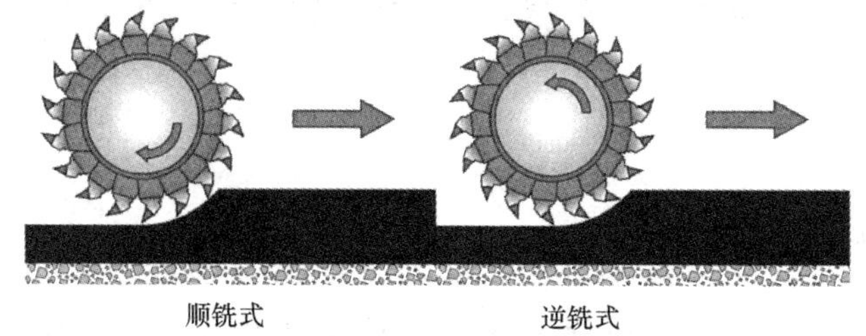

图 2-3　顺铣式和逆铣式

顺铣式是铣刨转子的旋转方向与机器的前进方向一致，铣刀从被铣刨层的上表面开始铣刨；逆铣式是铣刨转子的旋转方向与机器的前进方向相反，铣刀从被铣刨层的下表面开始铣刨。顺铣时铣刨转子受到向上的反作用力，限制机器牵引性能的发挥；逆铣时铣刨转子受到向下的反作用力，能够进一步发挥机器的牵引性能。

三、按结构特征分类

根据结构特点，分为轮式和履带式两种，如图 2-4、图 2-5 所示。轮式机动性好、转场方便，特别适合于中小型路面作业；履带式多为铣削宽度 2000mm 以上的大型铣刨机，有旧材料回收装置，适用于大面积路面再生。中、小型铣刨机采用轮式行走、铣刨转子后置的顺铣方式。大型铣刨机一般采用履带式行走、铣刨转子中置的逆铣方式。

图 2-4　轮式铣刨机

图 2-5　履带式铣刨机

四、按铣削转子位置分类

按铣削转子的位置，可分为后悬式、中悬式和与后桥同轴式，如图 2-6～图 2-8 所示。后悬式即铣削转子悬挂于后桥的尾部；中悬式即铣削转子在前后桥之间；后桥同轴式即铣削转子与后桥同轴布置。

图 2-6　后悬式铣刨机

图 2-7　中悬式铣刨机

五、按铣削转子作业宽度分类

根据铣削转子的作业宽度，可分为小型、中型和大型等三种。小型铣刨机的铣削宽度为 300～800mm，铣削转子的传动方式多采用机械式，主要适用于施工面积小于 100m^2 的

图 2-8 后桥同轴式铣刨机

路面维修工程；中型铣刨机的铣削宽度为 1000～2000mm 。

铣削转子的传动方式多为液压式；大型铣刨机的铣削宽度在 2000mm 以上，一般与其他机械配合使用，形成路面再生修复的成套设备，其铣削转子传动方式也多为液压式。

六、按传动方式分类

根据传动方式分为机械式和液压式两类。机械式工作可靠、维修方便、传动效率高、制造成本低，但其结构复杂、操作不轻便、作业效率较低、牵引力较小，适用于切削较浅的小规模路面养护作业；液压式结构紧凑、操作轻便、机动灵活、牵引力较大，但制造成本高、维修较难，适用于切削较深的中、大规模路面养护作业。

七、按输料装置布置的位置分类

按输料装置的布置位置不同，可分为输料皮带前置式和后置式两种，如图 2-9、图 2-10 所示。输料皮带前置式铣刨机施工时，载重车不用掉头就可在接料位置沿前进方向缓行中接收被铣削的废料，接料后不用掉头就可沿行车方向直接载运，但整机结构较复杂；输料皮带后置式铣刨机与之相反。

图 2-9 输料皮带前置式铣刨机

图 2-10 输料皮带后置式铣刨机

第二节 用途与工况

一、基本用途

铣刨机是通过机械传动或液压传动使铣刨工作装置旋转，由升降装置完成铣削深度控制，液压驱动装置使机器运动完成铣刨作业进给和行驶的一种自行式路面机械川。主要用于高速公路、城镇道路、机场跑道、港口码头和停车场地等的开挖翻修；可以高效地消除路面涌包、油浪、坑槽、车辙、裂缝等各种病害，还可以用于水泥路面的拉毛及面层错台的铣平等。

铣刨机通常可完成以下工作：

(1) 对待翻修路面进行大面积铣刨破碎，同时将旧料回收再生利用，以便重铺新料，使路面得以重新翻修；

(2) 对局部损坏需修补的路面进行小面积铣刨作业，使其成为规则的方形槽，以便局部修补，并使接缝整齐、美观；

(3) 对路面涌包、油浪、车辙等常见病害进行铣平修整作业，以提高路面的平整度和通行能力；

(4) 对光滑摩擦系数较低的路面进行拉毛作业，以获得一定的路面粗糙度。

有些沥青路面铣刨机还被允许用来铣刨水泥路面及水泥稳定土路基等。沥青路面铣刨机的上述功能以及其机动灵活、工作质量好、效率高、可回收旧料等特点，使其成为高等级公路和城市道路机械化养护必不可少的设备之一，也是旧沥青路面再生利用的重要设备之一。

由于铣刨机工作效率高，施工工艺简单，铣削深度易于控制，操作方便灵活，机动性好，铣削的旧料能直接回收利用，因而铣刨机已成为现代高效优质养护工作中不可或缺的重要设备，也是旧沥青路面再生利用的重要设备之一。

二、基本工况

铣刨机同大多数的工程机械一样，有两种典型工况：作业工况和转场运输工况。在作业工况中，铣刨转子是在铣刨机的行走系统的带动下，主要是依靠自身的传动系统来驱动旋转，完成施工作业，铣刨转子的驱动消耗着整个车辆的主要功率，一般占 80%～85% 左右。铣刨机运输工况是在转场时可以高速的行驶，快速地转移场地。

对于铣刨机的行走系统来说，在作业和运输两种工况的要求：工作时要求低速和较大的牵引力，而转场运输时则希望快速（运行时的速度 0～10km/h），如遇到坡道仍需要较大的牵引力。

三、典型工况

1. 铣刨机在沥青混凝土路面铣刨工程中的应用

(1) 工艺流程

1）封闭施工区域在施工区域的两端摆放明显的交通标志，派专人进行交通管制，防止行驶车辆或非施工人员进入施工区域；

2）确定施工方案与现场技术人员一起对需要铁刨的路段进行确认，并根据要求确定铣刨方案，明确起点铣刨深度、终点铣刨深度、铣刨宽度、两边是否需要错台以及错台的尺寸等；

3）清理或标明施工区域内的障碍物对施工区域内影响铣刨机作业的障碍物（如废弃的隔离桩）进行清除，并对禁止破坏的地下掩埋设施（如光缆、水管及其他金属物质等）的位置预先标明和探测，防止误伤；

4）对铣刨机进行作业前检查检查刀头的磨损程度，更换过度磨损的刀头；检查打料板的磨损状况；检查喷嘴的雾化状况，清理堵塞的喷嘴；检查清洗水过滤器；左、右两侧侧板是铣刨机作业的找平基准，须保证它们上下活动自如；检查找平传感器和转向传感器的零位是否正确等。

5）作业过程首先将铁刨机开到作业面就位，然后按照现场的施工条件确定找平方式，再按施工方案的要求预设铣刨深度，进行铣刨。由于刀头磨损、侧板磨损等会使实际铣刨深度与设定值之间存在差异，当机器前进 1m 左右时，检查实铣刨深度与预设值之间的差异。并及时调整预设值，使实际铣刨深度满足要求。

（2）使用要点

1）切深零位标定

准确的切深零位是铣刨机能铁刨至预设深度的关键因素切深零位会因为刀头型号变化、刀头磨损、刀座磨损和侧板磨损而发生变化；要定期进行切深零位的标定；当更换新的切深传感器时。也需要进行标定，进行标定之前首先连接好绳传感器的螺旋电缆，用手拽动绳传感器，相应的传感器数值应该变化、将机器开到相对平坦的地面上，先升高两侧侧板，然后缓慢地降低前后立柱，使刀尖刚好接触地面，再降低两侧侧板，使侧板前后自由地落至最低位置，并且无任何卡滞现象，此时传感器的读数即为切深零位值。最后，进入控制台上的控制显示单元的零位标定子菜单并进行保存操作。

2）转向零位标定

转向零位是铁刨机操作台上的转向旋钮处于中位时，铣刨机的转向机构理论应处于绝对直行的位置。铣刨机依靠高精度的位移传感器来检测转向系统的转向角度，出厂时已经进行过严格标定，转向零位不准时，机器会出现跑偏现象，严重时会导致后刮板一侧与铁刨坑槽严重磨损，使铣刨的坑槽边缘不整齐，蹦边现象严重，并且加剧后刮板和履带橡胶板磨损当更换转向油缸、转向传感器后，或者因误操作导致转向零位偏移时，应进行转向零位标定将机器开到相对平坦的地面上，使用手动转向模式将 2 个前、后履带各自平行，并使前、后履带与机架平行，此时相应转向传感器的读数即为转向零位值。最后，进入控制台上的控制显示单元的零位标定子菜单里进行保存操作。

3）调整喷水量

铣刨机喷水的目的是减少尘土和冷却刀头适当增加喷水量有利于提高刀头旋转的灵活程度、减少刀头的非正常磨损。但过多的喷水量会造成铣刨废料的含水量过大，从而不利于收料和缩短铣刨机停工加水间隔，影响生产率。采用的调整方法为工地现场目测调整，即以转子罩壳周围不冒白烟和皮带机出料口没有灰尘为宜。

4）减少漏料的措施

减少漏料、提高废料回收性能有效减小铣刨后的料渣清理工作量。大大提高生产率，降低工人劳动强度。

2. 铣刨机在水泥混凝土路面拉毛工程中的应用

（1）工艺流程

铣刨机在水泥混凝土路面拉毛工程中的施工工艺流程与沥青混凝土路面铣刨工程相同。

（2）使用要点

1）切深零位的标定与灵活应用

水泥混凝土路面拉毛的铣刨深度浅，更加要求机器具有准确的零位，在机器工作前必须按照前述的标定步骤进行准确标定。在一副刀头的使用寿命期内，刀头的磨损对切深零位有明显影响，若不及时调整零位值，会对拉毛深度造成较大影响；实际使用过程中，可以根据经验将零位的偏移累加到预设值中，使拉毛深度基本保持不变。例如，新刀头时切深零位已准确标定，切深值设定 5mm 时，拉毛深度为 5mm，随着刀头的磨损，可能切深值设定 10mm 时，拉毛深度为 5mm。

2）选择合适的喷水量

水泥混凝土路面强度较高，铣刨过程中刀头要承受很大的冲击并有大量的发热，主要适当增加喷水量，使刀头得到有效的冷却；但是拉毛作业又只产生很少的废料，过多的水会使少量的粉末装废料变成难于回收的稀水泥浆。按照使用经验，调整时应以不影响回收为前提，尽可能加大水量。

（3）降低皮带速度

拉毛作业产生很少的废料，可以适当降低皮带速度，减少皮带运转次数，延长皮带系统使用寿命。

（4）更换刀头

当刀头磨损到达极限时，刀头变钝、切削阻力增大、冲击力变大，这将会使机器的振动加剧，此时必须及时地更换整副刀头（单个的更换会使突出的新刀头的刀尖很快折断）。

（5）选择合适的作业速度

在水泥混凝土路面拉毛作业时的作业速度选择为 7～10m/min 左右较为合适。过快的速度会造成刀头断杆现象严重，刀头对刀座的磨损加剧；太低的速度则会严重影响生产率。

第三节　工　作　原　理

一、铣刨机的组成

铣刨机按功能可以将整机分成如图 2-11 所示的 12 个子系统：动力系统、升降系统、传动系统、洒水系统、行走系统、液压系统、铣刨系统、转向系统、集料系统、车架系统、覆盖件系统、电气系统。

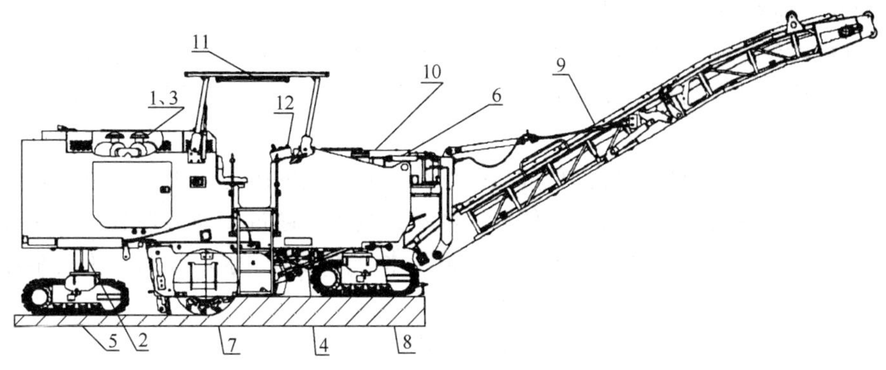

图 2-11 铣刨机的组成

1—动力系统；2—升降系统；3—传动系统；4—洒水系统；5—行走系统；6—液压系统；
7—铣刨系统；8—转向系统；9—集料系统；10—车架系统；11—覆盖件系统；12—电气系统

二、系统功能及原理

1. 动力系统

功能：提供整机动力。

组成：铣刨机动力系统包括发动机主体、燃油系统、进气系统、排气系统、散热系统、支撑系统。由于发动机自带有详细的说明书及维修保养手册，在此只简单介绍一下铣刨机动力部分主要结构。

（1）发动机

现代铣刨机一般采用工程机机械专用柴油机，多数柴油机还采用了废气涡轮增压技术，以适应施工中的恶劣工况，在高负荷低转速下可较大幅度地提高输出转矩。通常在传动系统中装设液力变矩器，它与发动机共同工作，使发动机的负荷比较平稳。国产铣刨机主要配套上柴 D6114、东风康明斯、潍柴斯太尔发动机，性能优良。国外卡特彼勒、沃尔沃和小松铣刨机采用自制的专用发动机，均能达到欧Ⅱ排放标准要求，一些新机型已达到欧Ⅲ排放标准要求，如沃尔沃 G900 系列铣刨机。

（2）燃油系统

燃油系统是发动机性能是否实现的关键一环，发动机燃油系统应该供给适当的柴油燃料，燃油应当清洁，不包含石蜡固体，不含水或其他腐蚀性液体，不含大量的空气。发动机燃油系统主要包括：燃油箱、油管、油水分离器和燃油精滤器。

1）燃油箱

铣刨机燃油箱的容积为 300L 左右，能提供一个台班以上的操作。油箱经过电泳处理后涂耐油防锈漆，侧面设计有清洗口，每隔一段时间后应将油箱清洗干净，油箱底设计有放油螺栓，可放掉沉积的水和累积的污垢。

2）油管

发动机燃油油路的进、回油管采用自扣的耐油耐压胶管，由于道依茨发动机采用单体泵，进、回油量大，因此进油管管径要大于 12mm，回油管管径要大于 10mm，当油管长度大于 3m 时，管径需要更大。康明斯发动机为直列泵或转子泵，进、回油量比道依茨的小，也可采用管径与道依茨相同的自扣胶管，能承受一定的真空且不会损坏和吸扁。

3）油水分离器和燃油滤清器

因发动机燃油中不同程度地含有水分和杂质，为了防止水分和杂质进入发动机燃油系统，引起发动机喷油泵与输油器早期磨损，致使发动机冒黑烟、掉速等故障，燃油油路中安装有油水分离器和燃油滤清器。

当燃油通过油水分离器和燃油精滤器时，会遇到一定的阻力，则要求油水分离器和燃油精滤器应满足柴油机油路压力的限值。当油路系统阻力超过发动机限值时，发动机会出现功率不足的问题，因此，必须每天都要放掉油水分离器中的水，按期更换燃油滤芯。

（3）进气系统

进气系统的作用是为发动机提供清洁、干燥、温度适宜的空气进行燃烧，以最大限度地降低发动机磨损并保持发动机性能，在用户能接受的合理保养间隔内有效地过滤灰尘并保持进气阻力在规定的限值内。

灰尘是内燃发动机部件磨损的基本原因，而大多数灰尘是经过进气系统进入发动机的；水会损坏、阻塞空气滤清器滤芯，并且可以使发动机和进气系统发生腐蚀。

如果通过进气系统进入发动机的空气密度下降，这将产生排烟增加、功率下降、向冷却系统散热量增加、发动机温度升高等一系列问题。

对柴油机来说，理想的进气温度是 16～33℃。

进气温度过低会导致柴油无法被压燃，点火滞后，燃烧不正常，又可引起冒黑烟、爆震、运转不稳（特别是怠速时）和柴油稀释机油等问题。进气温度每降低 33℃，燃烧温度减低 89℃。

当进气温度超过 38℃后，每升高 11℃，发动机功率下降 2%；进气温度超过 40℃后，每升高 11℃，发动机向冷却水的散热量增加约 3%。

铣刨机进气系统简单有效，所有空滤器都是两级干式滤清器，滤清效率都达到 99.9%，在第一级中，滤清器将大的灰尘离心分离掉，收集在一个橡胶灰尘容纳器中，每隔一定时间用户应将其从系统中排掉，在第二级中，空滤器有一个纸质滤芯，从进气中过滤掉其余的灰尘。滤清器具有足够的容灰度以提供合理的滤芯更换周期，滤芯因灰尘而堵塞时，进气阻力会增加，进入发动机的空气量将减小，影响发动机功率的发挥，因此空滤器滤芯应按发动机要求定期清理或更换。

（4）排气系统

排气系统应保证发动机最佳性能的同时将废气安全地运离发动机并安静地排入大气中。

铣刨机排气系统必须消减发动机产生的排气噪声以满足法规和用户对噪声的要求，由于发动机排出的废气对人体有害，必须将它们排到远离驾驶室进气口的地方，必须使排气远离发动机进气口和冷却系统以降低发动机工作温度并保证其性能。

排气系统的设计必须能承受系统的热胀冷缩，必须允许发动机的振动和移动，因此我们设计了柔性波纹管，消声器利用支架固定在发动机上，管路很短，减小了排气系统、增压器的内应力，排气阻力小，使排气系统的可靠性大大提高。

排气系统的常见故障有：排气阻力大，原因是消声器自身阻力大、管径小、弯头多，使发动机功率下降，油耗增加，排气温度上升，排气部件故障增加；缺少柔性段或柔性不足，使波纹管易损坏；过定位支撑；排气噪声大。

（5）散热系统

发动机散热系统的正确设计和安装，对于获得满意的发动机寿命和性能是极其重要的。

铣刨机散热系统是由水散热器、液压油散热器、空调冷凝器、中冷器（对中冷增压发动机）组合而成。

由于空间限制，散热系统迎风面积不可能很大，受铣刨机布置和行驶方向的影响，铣刨机可采用吹风式或吸风式风扇。

水散热器为管带式和管片式两种结构；设计有全封闭上水室除气系统，结构紧凑，上水室和下面的散热器之间由隔板完全隔开，仅通过立管连通。上水室顶部有与发动机相连的通气管，底部有与水泵相连的注水管。上水室加水口向下延伸，以提供膨胀空间。加水口靠上位置有一小孔，供排气用；使用压力水盖，加水时，防冻液经上水室流到注水管，然后从水箱底部进入水箱，从水泵入水口进入发动机。水箱和发动机中的空气分别通过上水室立管和发动机通气管排到上水室。在发动机运转过程中，由于循环水并不经过上水室，所以不会将上水室中的空气带入冷却水中，同时通过立管和发动机通气管，不断将冷却系统中的空气除去，这样，发动机启动后，能迅速除去散热系统中的空气，减小空气对发动机水套、水箱的腐蚀，提高发动机和水箱的寿命。又由于除气系统能保证散热系统中无空气，提高冷却液的热交换能力，因此提高了冷却系统的散热能力。

铣刨机中冷器是用空气作热交换介质，通过空空中冷器把增压以后的高温进气冷却到足够低的温度，以满足排放法规的要求，同时提高发动机的动力性和经济性。空空中冷器同时又属于发动机进气系统，因此除满足散热要求外，提供清洁和足够的空气对发动机性能至关重要。所以中冷系统的密封可靠非常关键，管路系统应简洁，尽量减小方向的改变。铣刨机采用不锈钢管和硅胶管，极大地增加了管路的可靠性。由于中冷器中的空气是高温高压空气，如果系统漏气将有啸叫声，并使发动机功率下降。如中冷器使用时间过长，表面不干净使冷却风流通不畅，中冷器散热能力不够也将使发动机的功率减少。

（6）支撑系统

支撑系统的作用是将发动机固定在机架上并将发动机的振动尽可能地消除。铣刨机支撑系统结构简单，六个减振垫固定在支撑板上，并用螺栓安装在后机架上，当减振垫破损或支撑板与机架干涉时，铣刨机振动加大或产生共振，导致操作人员不适或损坏铣刨机。因此要及时排除。

2. 升降系统（图 2-12）

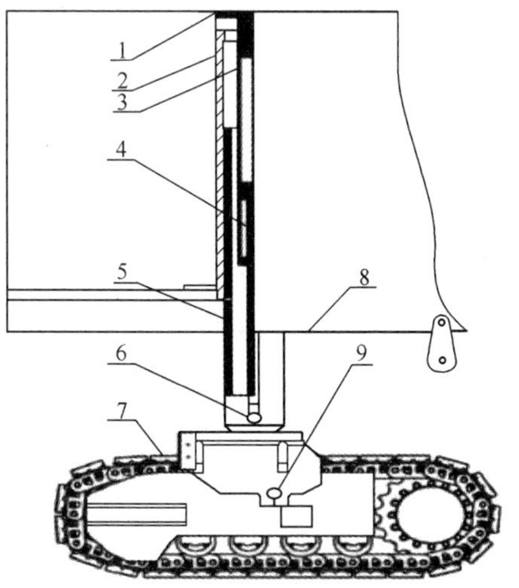

图 2-12 铣刨机升降系统

1—连接螺栓；2—外升降缸筒；3—升降油缸缸筒；4—升降油缸活塞杆；5—内升降缸筒；6—连接销轴；7—行走系统；8—车架系统；9—连接销轴

功能：

（1）正常工作或停机时，支撑车身；

（2）工作时调整车身的高度，实现不同的铣刨深度。

组成：内升降缸筒、外升降缸筒、升降油

缸、连接销轴。

工作原理：升降系统的外缸筒与车架焊接为一体，升降系统的外缸筒与升降油缸缸筒用螺栓连接为一体；内缸筒与行走系统用销轴连接为一体，内缸筒与升降油缸的活塞杆用销轴连接为一体；通过控制升降油缸的伸缩带动内、外缸筒的相对运动，实现车架连同铣刨转子的上升和下降，完成不同的切削深度作业。

升降系统工作时，内外缸筒之间的接触应力大，而且外缸筒与车架焊接为一体，不可更换。

因此，升降系统设计时，需要考虑内外缸筒磨损问题。如果材料组合选用不合适，将会造成内外缸筒的粘连和烧结，从而造成重大损失。

长期存放时不应该完全依靠升降油缸支撑车体重量。那样将会严重影响油缸密封件的使用寿命。建议设计中增加辅助支撑设备，用于长期存放时支撑车体重量，使升降油缸不受力或受力很小，以延长升降油缸的使用寿命。

3. 传动系统

功能：将发动机的动力分配传递到各执行元件。

组成：离合器、分动箱、传动皮带等。

铣刨机的主要动作可分解如下：

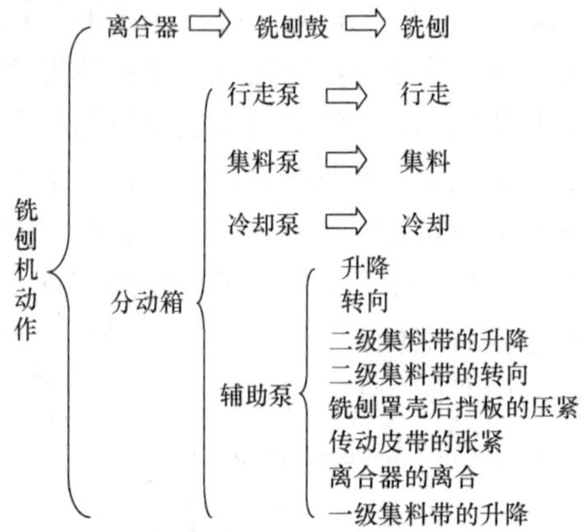

目前，铣刨机的传动系统有两种结构，一种是动力由发动机两端输出，一种是动力由发动机一端输出，如图 2-13 所示。

两端输出结构的动力传递方式为：

V 列发动机→离合器→传送带→减速机→铣刨转子
V 列发动机→联轴器→分动箱→各液压泵

一端输出结构的动力传递方式为：

发动机→联轴器→分动箱→离合器和各液压泵→传动 V 带→减速机→铣刨转子

两端输出结构需要较大的布置空间，只能选用 V 列发动机，以便节省空间。分动箱选择 4inl，即一端动力输入，另一端提供四个动力输出口，分别连接行走泵、集料泵、冷却泵、辅助泵。一端输出结构紧凑，发动机的选型更灵活，可选 V 列或直列。分动箱选择 5inl，即一端动力输入，另一端提供五个动力输出口，分别连接液压离合器、行走泵、集料泵、冷却泵、辅助泵。

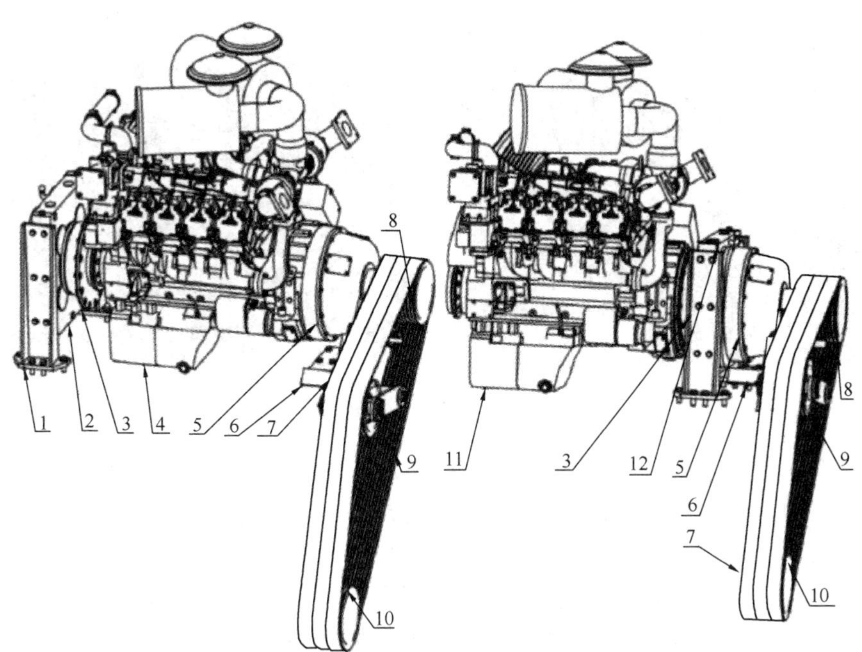

图 2-13 铣刨机的两种传动形式

1—分动箱支架；2—分动箱（4inl）；3—联轴器；4—V 列发动机；5—液压离合器；6—带轮支架；7—传动 V 带；8—主动带轮；9—张紧带轮；10—从动带轮；11—发动机；12—分动箱（5inl）

传动系统设计时，需要与发动机结合，实现整机的合理布置。

4. 行走系统

功能：提供行走动力实现行走功能。

组成：行走液压泵、液压马达、底盘件（三轮一带），如图 2-14、图 2-15 所示。

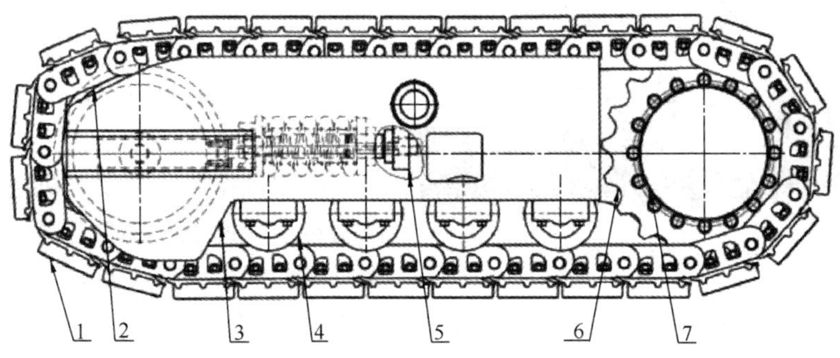

图 2-14 铣刨机行驶系统组成

1—履带总成；2—导向轮；3—行走支架；4—支重轮；5—履带张紧装置；6—驱动链轮；7—行走马达

路面冷铣刨机行走系统由行走轮系、转向系统和制动系统等组成。大型铣刨机一般采用履带式行走系统。铣刨机的四个车轮（或四条履带装置）各自独立通过升降油缸悬挂于机架上的，均可独立升降。

图 2-15　履带式铣刨机行走装置

铣刨作业时的行驶速度一般为 0～30m/min，履带式铣刨机转移工地时的行驶速度为 0～5km/h，轮胎式铣刨机转移工地时的行驶速度为 0～10km/h。

轮式铣刨机车轮一般采用实心轮胎或在钢轮毂上浇铸一圈约 10cm 厚的耐磨橡胶构成，目的是避免空心充气轮胎承载能力低及轮胎气压波动引起铣刨深度的误差。

由于小型铣刨机的铣刨转子一般位于两个后轮之间并与后轮同轴，为了能够铣削路面边缘，大多数机型均将右后轮设计成可摆动式，当铣削路面边缘时，右后轮向前翻转 180°，位于铣削转子的前方。行走系统设计时，需要合理匹配行走泵、马达，满足正常行走、铣刨作业、爬坡等工况的驱动力要求，同时必须选择合理的履带张紧装置，保证各种工况下履带动张紧。同时应该能够具有行走跑偏的检测与自动校正功能。

图 2-16　铣刨机洒水系统

5. 洒水系统（图 2-16）

功能：

（1）冷却铣刨转子及铣刨刀头、输料皮带；

（2）压制灰尘；

（3）清洗。

组成：高、低压水泵，管路，喷洒机构。

铣刨机作业时，发动机通过 V 带驱动铣刨转子减速机带动铣刨轮旋转，铣刨刀头挤压、撞击路面，从而完成铣刨。在这个过程中，刀头将受到剧烈的摩擦，产生大量的热量，并通过刀座传递到铣刨轮、转子马达，铣刨轮内部一般加满冷却液，能在一定程度上降低热量，保护铣刨转子马达，但在连续工作时，无法实现真正的冷却。如果冷却不良，将会出现铣刨刀头的快速磨损，从而造成铣刨刀头变钝，铣刨阻力加大，降低生产效率，同时有可能造成铣刨转子减速机内部密封件损坏。为了实现连续工作时的冷却，必须使用强制降温的方式。

洒水系统的低压水泵系统完成强制降温的供水功能。包括低压水泵、管路、喷头等部分组成，低压水泵将冷却水通过管路输送至各喷头。喷头一般布置在铣刨转子、一级输料皮带集料处、二级输料皮带接料处，分别冷却铣刨转子及铣刨刀头、一级输料皮带、二级输料皮带，后两处还附带压制灰尘的作用。高压水泵系统用于整机的清洗，主要包括高压水泵、管路、高压水枪等部分。

6. 铣刨系统

功能：

（1）铣刨机的工作装置，执行铣刨作业；

（2）转子罩壳限制铣刨废料的移动，保护周围工作人员；

（3）铣刨转子的特殊机构将废料向特定方向集中，便于集料；

（4）后刮板收集散料。

组成：铣刨转子减速机、铣刨转子、转子罩壳（图 2-17）。

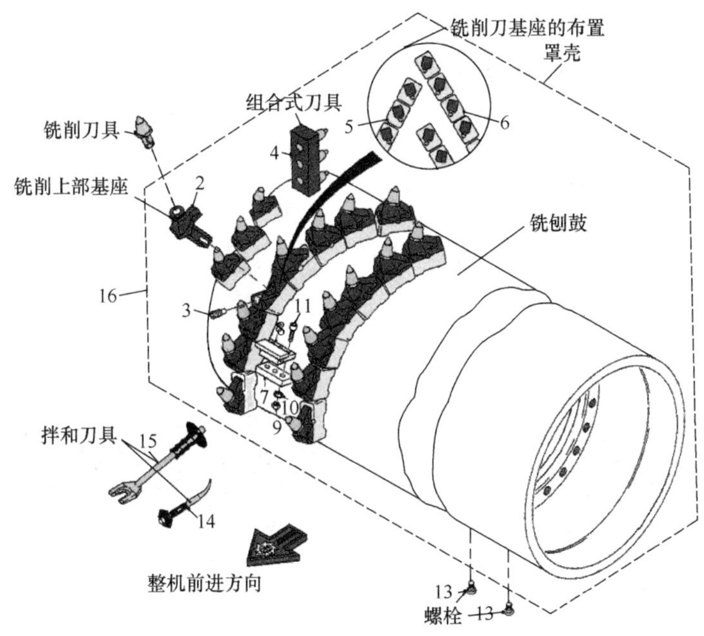

图 2-17 铣刨系统总成

（1）工作原理

铣刨刀头在铣刨转子的横向中心上成螺旋线对称分布，发动机的动力通过液压离合器传递到铣刨转子减速机，铣刨转子减速机带动铣刨转子转动，同时在车架的压力作用下，铣刨刀头依次对称切入被铣刨层，被铣刨材料在铣刨刀头的撞击和挤压作用下，破碎为粒状碎料，合理的铣刨速度和转子旋转速度能够保证铣刨废料颗粒的均匀性，同时合理布置的铣刨刀头能够将铣刨废料抛到特定的位置，即转子罩壳出料口处的一级输料皮带上，一级输料皮带将废料转移，从而完成铣刨作业。

（2）铣刨鼓（图 2-18）

铣刨鼓为直径 500～900mm 的圆筒，两端通过法兰、轴承悬挂在机架上。其上安装有呈人字形单头或多头螺旋线布置的铣削刀基座，内部装有传动轴和行星齿轮减速器，采用行星齿轮减速器可获得较大的传动比。

（3）铣刨刀座

由基座与上部刀座组成。上部刀座插入基座矩形孔中并用定位螺栓固定，其上加工有

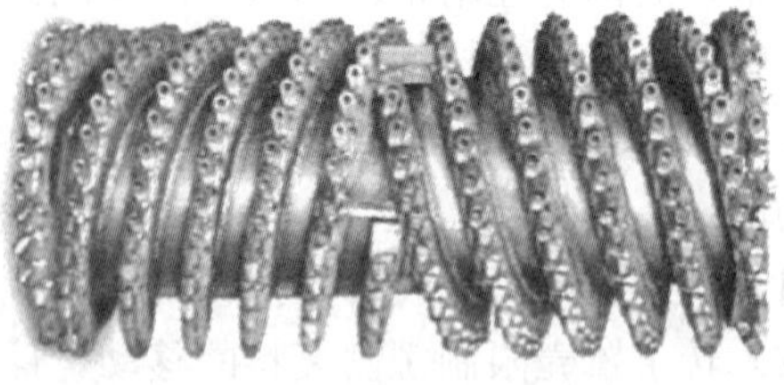

图 2-18 铣刨鼓

圆孔，铣削刀具插入圆孔中并用附于刀具上的弹性套轴向限位（图 2-19、图 2-20）。

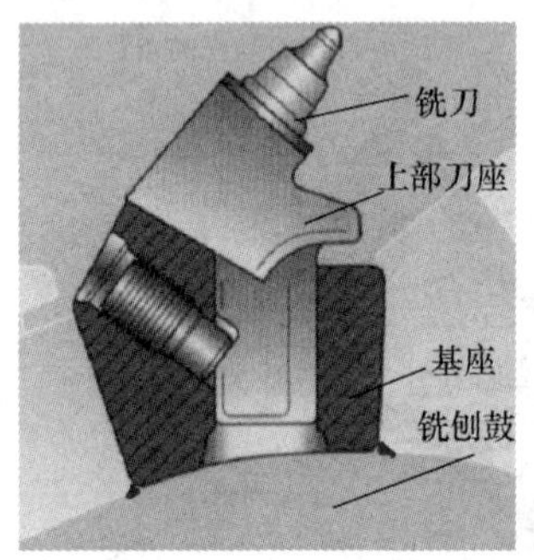

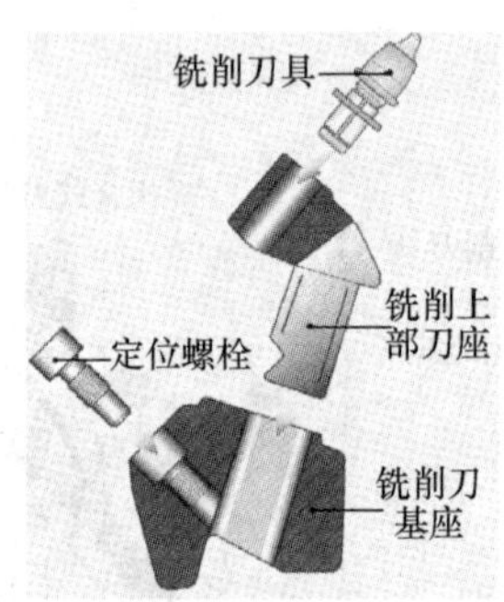

图 2-19 刀座总成

图 2-20 铣刨刀座、铣刨鼓

基座以螺旋线分布形式焊接在铣刨鼓外表面，可使铣刨转子工作时将铣削出的散料抛向左右对称螺旋线的中央部分，以便使被切削下的散料集中成料堤后由集料输料装置运走。

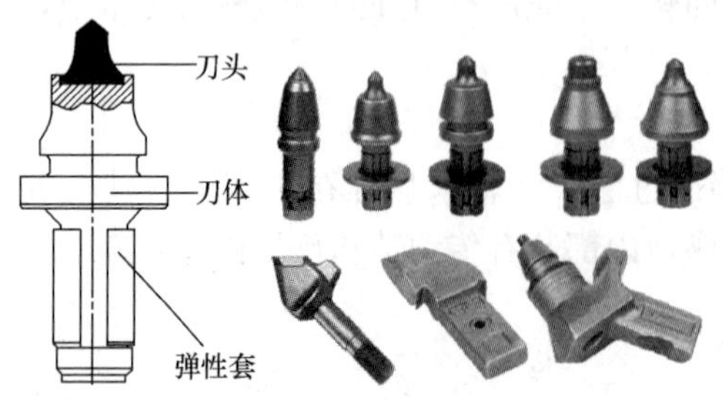

图 2-21 铣削刀具

（4）铣削刀具（图 2-21）

铣削刀具由刀头、刀体、弹性套组成。刀头呈子弹头形结构，一般由高硬度、高耐磨的硬质合金材料加工而成；刀体由优质合金钢制成，将刀头焊接到刀体上后，刀体作特殊强化处理。弹性套靠弹力与刀座内孔紧密配合，故铣刨刀不会轴向松脱；刀体与弹性套之间的间隙又可使刀体在路面对铣刨刀的非对称作用力下旋转，从而减少铣刨刀的偏磨，延长铣刨刀的使用寿命。

目前铣刨系统有多种结构，主要区别是铣刨转子，而铣刨转子的区别在于铣刨刀具的不同选型。归纳起来，铣刨转子的结构主要有三种：①焊接刀座结构；②可拆卸刀座结构；③快换刀座结构。

焊接刀座结构成本低，刀座过度磨损后更换困难，而且重新定位困难，容易造成铣刨性能的降低；可拆卸刀座结构，但刀座固定相比焊接刀座不可靠。

（5）铣削转子罩壳（图 2-22）

铣削转子罩壳的侧板可随转子的切削深度不同而升降，既可增加其密封性，又可成为机械调平机构的传力构件。

图 2-22　铣削转子罩壳

7. 转向系统

功能：

（1）实现整机转向；

（2）实现整机蟹行。

组成：转向油缸、转向机构、同步连杆。

目前，有两种转向形式，一种是四支腿独立转向四只转向油缸，可以实现前轮转向、后轮转向、双桥转向，前侧两支腿和后侧两支腿分别实现联动，依靠电器系统精确操纵原地转向、蟹行；另一种，如图 2-23 所示。

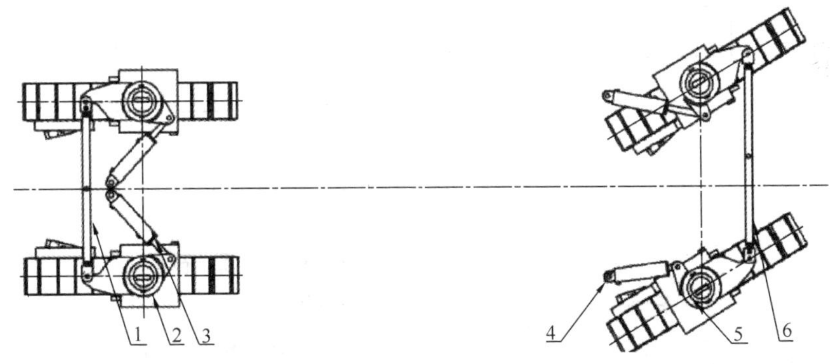

图 2-23　铣刨机转向示意图

1—后同步连杆；2—后转向机构；3—后转向油缸；4—前转向油缸；5—前转向机构；6—前同步机构

8. 集料系统

功能：

（1）收集铣刨废料；

（2）将铣刨废料转移到运输车或可及的指定位置。

组成：一、二级输料皮带、料斗、托架、吊架、摆动油缸（图 2-24）。

大中型铣刨机都带有该装置，其功能是将铣削出的散料收集并传送至配合铣刨机作业

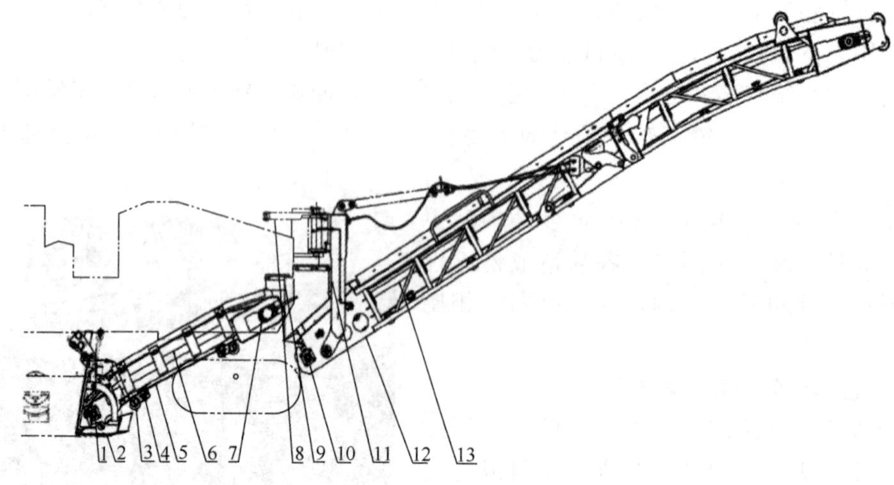

图 2-24　铣刨机集料系统总成

1—一级驱动辊筒；2—托架；3—一级托滚；4—一级校正辊轮；5—一级皮带机；6—一级输料皮带；7—一级皮带张紧；8—摆向油缸；9—料斗；10—二级驱动辊筒；11—吊架；12—二级皮带机；13—二级皮带

的载重汽车上。工作中通过集料皮带将铣削铣刨转子前方的料堤收集并输送给输料皮带，输料皮带将散料提升到一定高度直接卸到载重汽车上。输料皮带装置由液压油缸操纵可以左右摆动 45°，卸料高度可以调节，从而可适应不同的卸料位置。如图 2-25 所示。

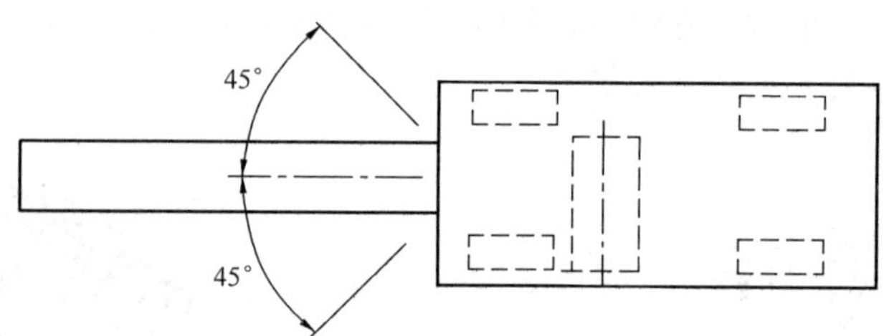

图 2-25　传送装置示意图

9. 覆盖件系统

功能：

(1) 保护相关元件；

(2) 提高外观。

组成：后罩、发动机罩壳、顶棚（图 2-26）。

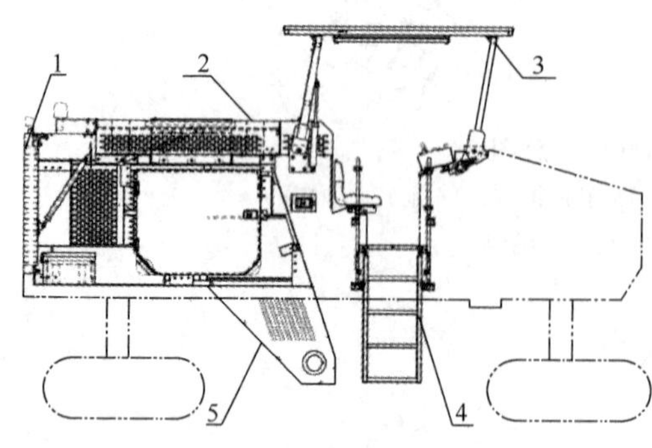

图 2-26　铣刨机覆盖件组成

1—后罩；2—发动机罩壳；3—顶棚；4—上车扶梯；5—传动皮带罩壳

10. 车架系统（图 2-27）

功能：

(1) 各元件安装和运行的平台；

(2) 各载荷的传递者和最终承受者。

组成：发动机安装、车架主体、水箱等。

由于铣刨机的铣刨阻力和冲击特别大。车架作为各载荷的传递者和最终的承受者，要求很高的强度和刚度，才能保证整机的可靠性以及铣刨路面的平整性。同时必须限制车架的重量以保证整机重量，过大的整机重量将严重影响机器的经济性、机动性等。

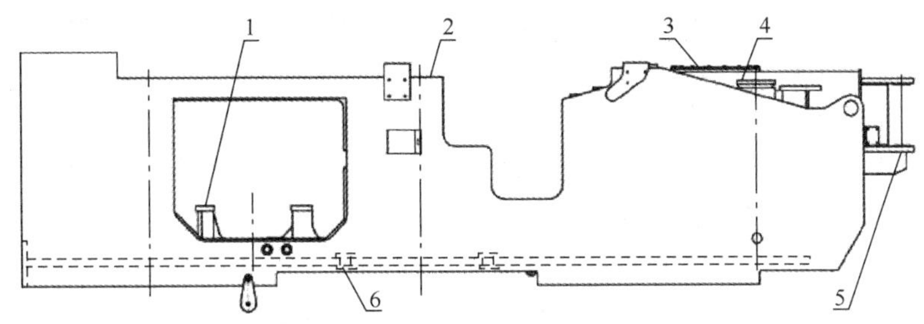

图 2-27 铣刨机车架系统组成

1—发动机安装；2—车架主体；3—水箱；4—升降及转向安装；

5—集料系统安装；6—铣刨系统安装

三、液压系统

（一）行驶液压系统

行走液压系统的原理图如图 2-28 所示。

行走液压系统采用单泵四马达闭式系统。由一个柱塞变量泵，通过四路分流阀与四个

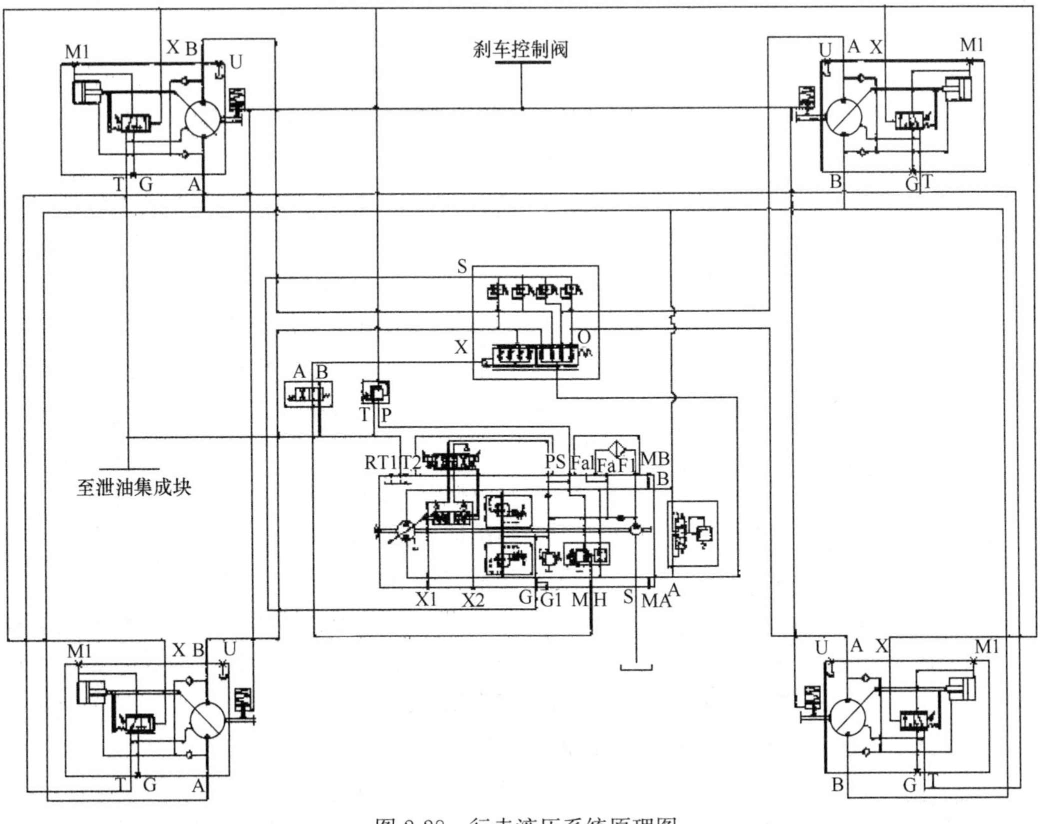

图 2-28 行走液压系统原理图

液压马达组成闭式回路。工作油由行走泵的 A 口接到四路分流阀，分为四路分别到四个行走马达，然后四个马达的回油集合到集油块再回到行走泵的 B 口完成工作回路。

行走速度通过控制系统的自动功率分配功能进行控制。控制器根据传感器所测的系统参数通过内部程序来控制变量泵和变量马达的排量以调节行走速度 C，该行走闭式回路通过四路分流阀将油路均分四路分别带动四个行走马达实现全轮驱动。四路分流阀的分流功能具有粗分流和精分流两种位置。

当分流阀处于 0 位置属精分流工况。此时位于阀体内的用于切换位置的锥阀芯处于松弛状态。主油路的流量被均分为四路工作油路，行走达到完全同步。当电信号控制电磁阀换向使控制油路加压时，阀体内的锥阀芯锁紧，切换到 1 粗分流位置。当电磁阀弹簧复位使控制油路压力减小时，分流阀内弹簧复位，阀芯又回到精分流位置状态。行走系统的两种状态由油路 X 控制。

当铣刨机处于行走状态时，分流阀处于粗分流挡；当铣刨机处于工作状态时，分流阀处于精分流挡，应该四个马达流量达到完全相同，使四轮能直线行走而不受负载影响，保证工作时行走系统的同步性。

（二）升降装置液压系统

铣刨装置升起时，来自转向泵的液压油经过多路换向阀下端油道，由 P 进入后轮升降油缸的大腔，活塞下移，顶起车架，相应的铣刨装置上移升起。

铣刨装置下降时，通过多路换向阀使油缸小腔进油，活塞上移，车架带动铣刨装置下降速度由节流阀来控制，液压锁可确保铣削装置所处的某一位置不发生变化（图 2-29）。

（三）集料液压系统

集料液压系统由一个变量柱塞泵和两个 GMT 摆线马达组成。液压原理图如图 2-30 所示。

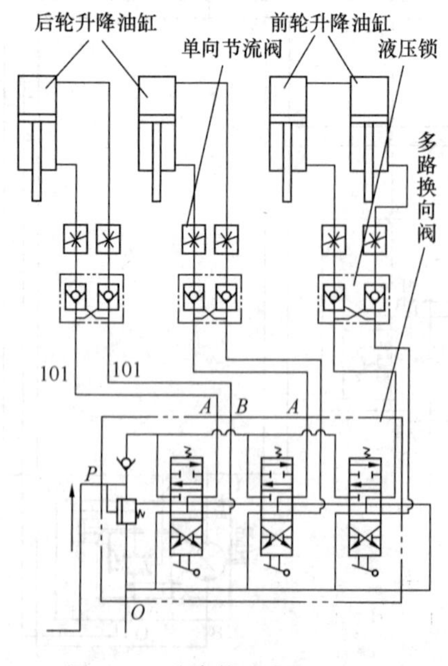

图 2-29　升降装置液压原理图

铣刨不同的路面材料时，由于路面材料的强度的不同，生产的铣刨废料的量不同。为了提高铣刨机在铣刨不同路面材料时的经济性，系统采用变量柱塞泵可以根据不同的废料收集率调整液压泵的排量，实现最佳经济性。由于集料皮带长度大，负载高，集料系统启动和停止冲击大，本系统采用了摆线马达。

（四）铣刨鼓液压系统

铣刨机的铣刨鼓液压系统由一个变量泵和一个定量马达组成。由于其开始工作时铣刨冲击力较大，系统中加入双向缓冲卸荷装置。此外铣刨鼓在工作工程中压力较大，液压油温度极易升高，所以另加一套冷却系统，以保证铣刨鼓液压系统能工作在正常温度下（图 2-31）。

（五）冷却液压系统

铣刨机冷却系统一般采用静液压驱动风扇冷却

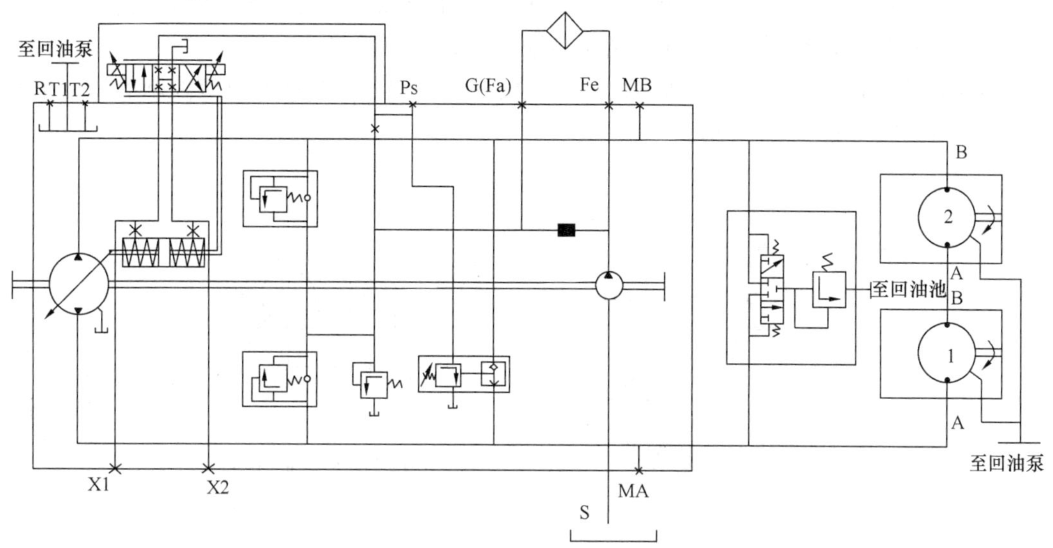

图 2-30　集料液压系统原理图

系统，利用发动机直接驱动风扇散热的传统散热方式不适宜用在铣刨机中，主要有以下原因：

(1) 空间限制

铣刨机一般采用增压发动机，功率大，液压系统负荷大，因此散热气一般是水、油、气三者的组合散热器，结构尺寸比较大。同时，由于发动机在铣刨机上横向布置，而且铣刨机整机宽度不宜太大，因此不能满足在发动机主轴上直接输出冷却风扇动力传动形式的空间要求。

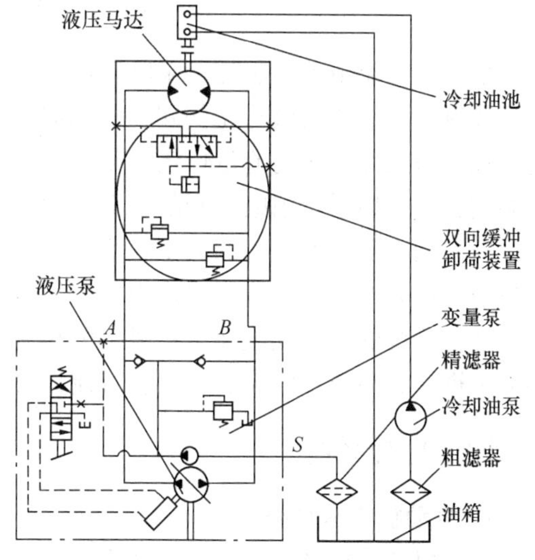

图 2-31　铣刨鼓液压系统原理图

(2) 经济性限制

如上所述，铣刨机的散热器为发动机冷却液、液压油、增压空气三者的组合散热形式，散热功率大，需要的冷却风扇驱动功率也大。如果采用传统散热方式，势必造成功率的大量浪费，对于整机的经济性有严重的影响。

静液压驱动风扇冷却系统有如下特点：

1) 元件安装空间小、可以被安装在车辆的任意位置。

2) 如果使用变量液压泵，风扇转速由散热量决定、与发动机转速无关同时风扇转速还可以被控制。

3) 当发动机达到它所要求的工作温度并且保持温度恒定时，能减少发动机磨损，使发动机效率达到最优，并且改善排放。

4）适应从 40～100℃的工作温度范围，控制设备可以根据需要自动调节风扇转速。

综合上述原因，铣刨机一般采用静液压驱动风扇冷却系统。

以某厂家生产的 2m 型铣刨机为例，采用由柱塞泵和马达驱动的电液控制静压风扇系统，液压原理图如图 2-32 所示。

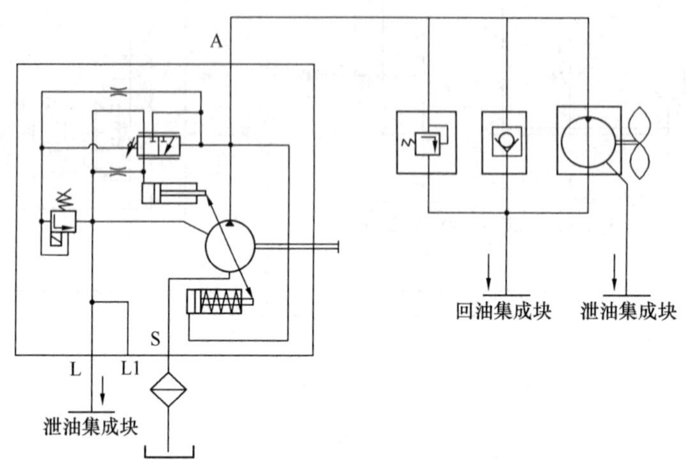

图 2-32　冷却液压系统原理图

电磁压力调节器控制变量泵驱动风扇，整个系统压力与变量泵的比例压力控制阀的电流成比例，系统压力阀与比例阀的电流成反比。在其控制范围内变量泵保持恒定的系统压力，保证进入系统中的流量恒定。整个系统压力可以通过阀电流的调节进行无级控制。被测温度控制风扇系统中电磁阀的电流的大小。控制器检测发动机的冷却液温度，根据冷却液温度变换电磁阀的电流的大小，实现柱塞泵可以根据风扇及冷却的需要进行自动调节，使风扇转速始终在需要范围内。当风扇控制器失效时，风扇以最大的驱动功率工作。

此种系统的主要优点在于：风扇的转速可以变化、散热风扇可以独立装配、一些工作参数可视化、高质量的控制、没有节流损失、自动防故障装置功能、消耗能源低。

四、电控系统

1. 发动机管理系统

发动机的管理系统（电控系统 ECU）根据安装在发动机上的各种传感器监控发动机并实现故障诊断。

在发动机上安装的传感器有进气压力/温度传感器、燃油压力传感器、燃油温度传感器、机油温度和压力传感器、曲轴转速传感器、正时传感器等。根据这些传感器所采集的信号，电控系统可以控制燃油最佳喷射压力、控制最佳喷射正时、调整喷油量、限定最高转速、怠速控制，从而使发动机工作在理想状态。

电控系统 ECU 还可以完成故障诊断功能。具体来说，ECU 故障诊断就是利用传感器信号作出判断，并将判断的结果存储或输出，或针对故障作出反应。如在运行过程中出现故障，通过故障警告灯提醒驾驶员，并根据故障的性质和严重程度，ECU 会采取相应的故障处理策略，指令 ECU 进入不同的失效安全模式，以便铣刨得以继续运行，同时将故障信息以代码的形式存储下来，以便维修时可由技术人员调出，快速判断出故障类型，以便及时进行维修。

为了实现发动机电控系统和其他控制系统间的通信，电控系统自带有通信接口，现代发动机的 ECU 通信接口都为 CAN 接口，通信协议为 J1939 协议。

2. 行驶控制系统

为了保证路面铣刨的效率、平整以及充分利用发动机的功率对铣刨机的行走控制提出了很多的要求，比如行驶速度无级调节、根据负载的变化行走速度自动调节等。行走控制系统应能满足以下基本要求：

（1）无论前进还是后退，都可以实现整个速度范围内的无级变速；

（2）在铣刨机工作时，铣刨机加速减速过程均匀平稳，起步、转向和停车过程均匀平稳；

（3）有手动和自动控制；

（4）有速度预存功能；

（5）铣刨机在自动工作模式下作业时，根据负载的变化情况，自动调节行走速度既功率自动分配；

（6）为了对刀准确，实现寸进功能；

（7）铣刨机工作时，确保在艰难的路况下也能均匀行走即让分流阀在同步位工作；

（8）应能实现停车制动；

（9）应有紧急停车功能；

（10）解除制动后铣刨机才能行走。

以三一重工 2m 液压铣刨机为例，铣刨机行走系统采用液压驱动，主要完成铣刨机工作时与转移时的速度控制。根据行走液压系统马达的排量的控制的不同，有两种行走速度控制方式：一种是在整个速度范围内的无级变速，机器不必在行走挡和工作挡之间转换；一种是有两挡速度（行走挡和工作挡）。其中后一种，应用最广泛。但在工作挡工作时其最大作业速度受到限制，特别是当铣刨深度浅、铣刨阻力小时，发动机功率利用率低，作业效率也不高。根据三一重工所设计的液压图，其行走液压系统调速采用第一种控制方法。

目前，国产铣刨机行走速度控制大多采用两挡即行走挡和工作挡，速度的变化靠手柄输入角度变化而加速或减速，速度的大小由手柄的角度决定，如图 2-33 所示。这种控制方式还需给定一个预速度做为机器行走的最大速度，控制操作不便。当铣刨机停机重新启动后，不能保证铣刨机以停机前的合理速度行走，不具备预存作业速度的功能。而且，有两个控制台的铣刨机采用这种方式控制铣刨机行走，左右手柄不能同时对铣刨机行走进行操作。

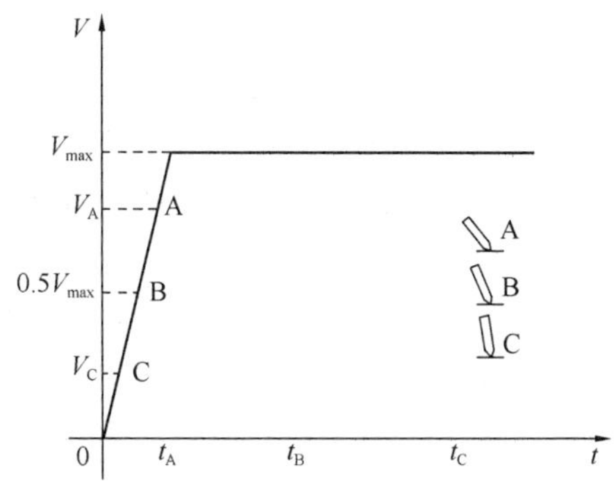

图 2-33　一般铣刨机速度控制原理图

而采用比例控制方式可以避免以上的问题。比例控制原理如图 2-34 所示根据手柄偏离中位角度的不同，铣刨机行走速度从零到最大速度所用的时间不同，即斜坡时间不同。当行走速度达到要求后，手松开手柄。此时，手

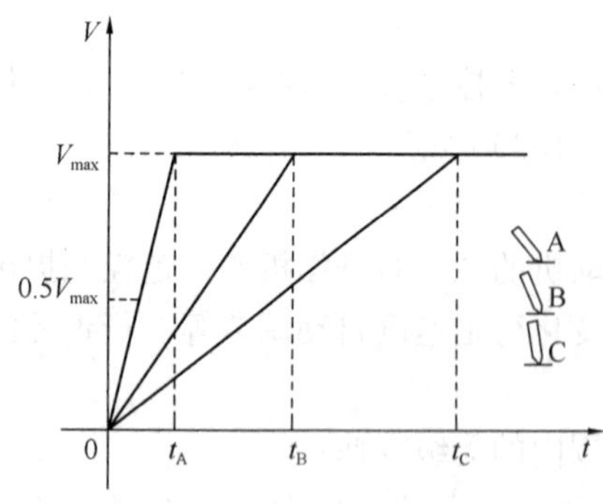

图 2-34　采用比例控制的速度控制原理图

柄自动回中位，铣刨机以固定的速度行驶。调整速度时，根据手柄偏离中位的角度可进行微调整或快速调整。同第一种速度调整方式比较，该种方式可以快速调整到所要求的速度，可以设定预定速度，实现寸进功能，操作方便。

图 2-35 所示为行走系统控制方案。输入输出信号由控制器控制。该系统有两个比例电磁阀和两个普通电磁阀。

当行走开关打开后，通过手柄的控制可以控制输出到比例电磁阀和先导比例减压阀的电流大小，从而控制行走速度。行走前，先使电磁阀 2 通电，解除制动。

当铣刨机处于工作状态时，打开同步开关，电磁 1 通电，分流阀处于同步位，使各履带获得一样的牵引力，以使铣刨机在各种工况下都能均匀行走。当功率自动分配开关打开后，比例变量泵的排量可以自动调节，从而使发动机始终处于额定工况。行走速度存取按钮可以保存当前铣刨机行走速度。当激活行走开关后，按下行走速度存取按钮，铣刨机会自动加速或减速到原先存储的速度。

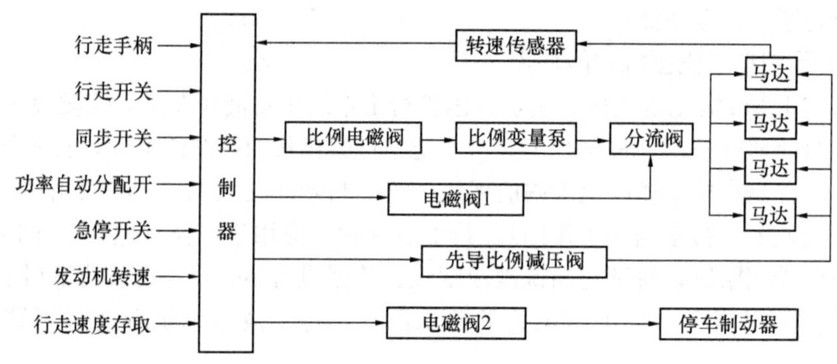

图 2-35　行走系统控制方案框图

3. 铣刨深度控制和找平系统

铣刨机的铣刨深度控制和找平系统，工作原理同摊铺机等机器的找平系统一样；采用比例调节原理，通过调节油缸的升降达到控制铣刨深度并使铣刨完的路面跟基准线平行的目的。

深度控制系统由传感器、控制器、比例电磁阀、升降液压油缸等元件组成，其中最重要的部件是传感器。传感器既可以为接触式传感器，也可以是非接触式传感器，其中声呐跟踪器（由声呐发生器和声呐接收器组成）做为非接触式传感器广泛应用于铣刨机深度控制系统。如图 2-36 所示，其工作原理是安装在声呐跟踪器底部的声呐发生器发出声波脉冲作用于基准上，并由基准上再反射到跟踪器，跟踪器测量声波反射的时间，从而精确地测量从信号发出端到平整度基准的距离。平整度基准可以采用拉线、路肩或已铣削好的道路表面。由于道路不平，机器与平整度基准的相对位置发生变化，声呐跟踪器测量出铣刨机深度位置变化的信号，信号输入到控制器，由控制器进行平均计算后，输出控制信号控制比例电磁阀的开口大小和导通时间，以实现液压油缸的升降，达到找平的目的。

根据作业质量要求的不同，大型铣刨机至少有接触式找平和超声波找平两种找平方式，对于施工要求高的还有激光找平及 3D 找平。对于铣刨控制和找平系统可以选用 MOBA 的 MATIC 控制仪和与 MATIC 配套的传感器。

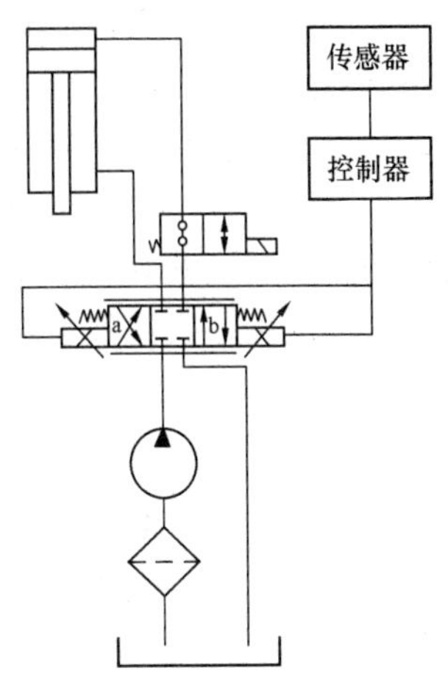

图 2-36 铣刨深度控制和找平系统原理图

4. 转向控制系统

转向系统是铣刨机的重要组成部分，它对铣刨机的灵活性、机动性、对刀时的准确性都有着很大的影响。因此，对转向控制系统提出了很多要求。转向控制系统应能满足的基本要求：

(1) 应能实现四种转向模式：前轮转向、后轮转向、全轮转向以及蟹行转向；

(2) 四种转向模式可以自由转换；

(3) 转向角度达到 45°；

(4) 操作轻便，转向灵敏；

(5) 在进行模式转换时，后轮根据情况可以自动回中。

为了实现铣刨机四种转向模式，并满足其转向要求，转向控制采用电液控制。图2-37为铣刨机转向系统原理图。

其工作原理为：当转向手柄偏离中位后，转向信号经过控制器计算，判断给出的偏转方向以及偏转角度，然后输出所需要的占空比 PWM 信号到电磁阀，控制阀的开口大小和

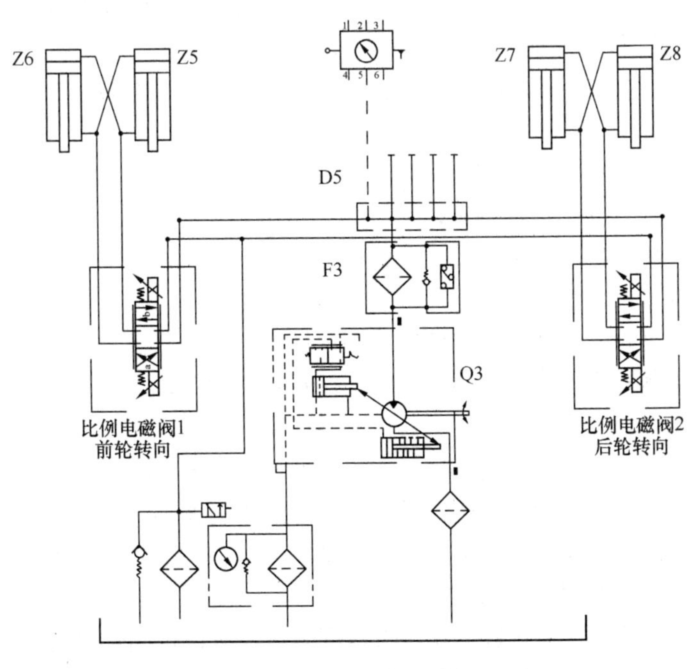

图 2-37 转向液压系统控制原理图

开口时间。同时，由恒压式柱塞变量泵（该泵为转向系统、铣刨深度控制和找平系统、辅助系统共用油源）给系统供油，通过电磁比例阀控制流到转向液压缸的液压油的流量和压力，从而实现各个转向轮的偏转角度的控制。

如图 2-38 所示为转向系统的控制方案。系统的输入输出主要是由控制器进行分析和处理的。该系统共有两个比例电磁阀，比例电磁阀 1 控制前轮转向，比例电磁阀 2 控制后轮转向。比例电磁铁的通断决定了转向液压缸执行的动作是前进还是后退。例如在前轮右转向过程中，左前转向油缸是前进，右前转向油缸应是后退，后轮的液压缸处于中位。

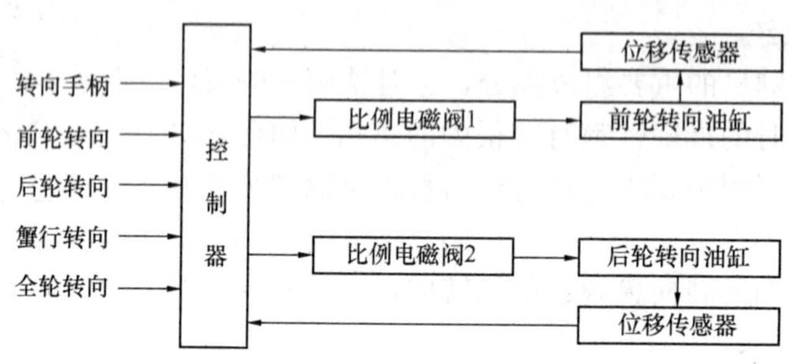

图 2-38　转向控制系统方案框图

控制系统中设置 4 个模式选择开关，用于在作业过程选择需要的转向模式。在选择一个模式后，转向的方向和角度由手柄控制。为了保证转向精度，特别是蟹行转向、全轮转向时前后轮转向角度关系，该系统设计成闭环系统，通过直线位移传感器（传感器与转向油缸平行安装）反馈回来的信号经过控制器内部计算转换成转角，和操作手柄的输入信号进行比较，通过算法校正，以确保角度关系和转向精度。

5. 输料控制系统

为了将铣削下来的废料回收，现在 2m 以上的铣刨机都带回收装置即输料系统。输料系统完成接料和输料即将铣削下来的废料直接送至运输卡车。输料系统一般为两级皮带（输料带）传动，两级为一级皮带（收料皮带）和二级皮带（卸料皮带）。对于输料带的控制有以下基本要求。

（1）一级皮带（收料皮带）在一定范围内可以自由升降；

（2）一级皮带可以处于浮动状态；

（3）一、二级皮带都可以进行反向运转操作；

（4）皮带速度可调，当速度选定后以恒速运转；

（5）二级皮带可以升降和在一定角度范围内摆动；

（6）在自动控制模式下，转子不工作时，输料带不动作；

（7）有手动和自动操作。

系统的输入输出主要是由控制器进行分析和处理的。该系统共有一个比例电磁阀（控制泵排量）和六个普通电磁阀。比例电磁铁通断及电流的大小决定了输料带运转方向和运转速度。普通电磁铁的通断则决定了一级输料带的升降及浮动、二级皮带的升降及摆动、二级皮带的折叠。图 2-39 为输料系统控制方案。

当输料带开关打开后，通过调节输料带速度电位器可以控制输出到比例电磁铁的电流大小，从而控制输料带速度。一级皮带的升降及浮动，由一级皮带升降旋钮开关和其浮动

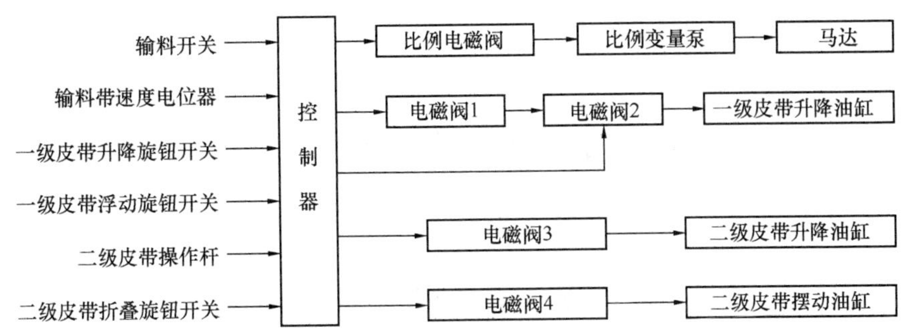

图 2-39 输料控制系统方案框图

旋钮开关控制。二级皮带的升降和摆动由一个操作杆控制。电磁阀 1 为三位四通电磁阀，电磁阀为二位四通电磁阀，通过电磁阀 1，2 的电磁铁通断组合可以完成一级皮带升降和浮动控制。电磁阀 3，4 为三位四通电磁阀，通过电磁阀 3，4 的电磁铁通断完成二级皮带升级及摆动控制。

第三章　操作与维护

第一节　操作条件

一、环境条件

1. 正常工作气温：－10～40℃；

2. 正常工作海拔：1600m以下；

3. 正常条件下铣刨机主要用于公路、机场、广场等沥青或沥青混凝土路的大面积铣刨破碎，也可用于路面油包、油浪、车辙的大面积铣平修整，还可以对摩擦系数较低的路面进行拉毛作业。如果用于其他目的或存在潜在危险的环境，例如在高原缺氧区域，则必须遵守特别的安全规定。而且必须为机器配备适合相应用途的装置。

4. 不适用于地下或通风情况不良的环境中工作。

二、人员条件

1. 了解铣刨机性能和规格

（1）不要在机械上载人。

（2）了解机械的性能和操作特点。

（3）操作机械时不要让旁人靠近，不要改造和拆除机械的任何零件（除非为了维修需要）。

（4）让旁观者或无关人员远离工作区域。

（5）无论何时离开机械，一定要把料斗或其他部件恢复正常位置状态。关闭液压锁定手柄，关闭发动机，通过操纵手柄释放残余液压压力，然后取下钥匙（图3-1）。

2. 了解机械

（1）操作机械之前，先阅读操作手册（图3-2）。

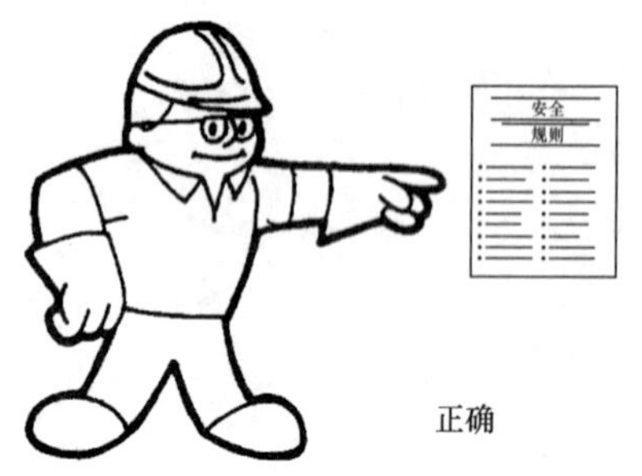

图3-1

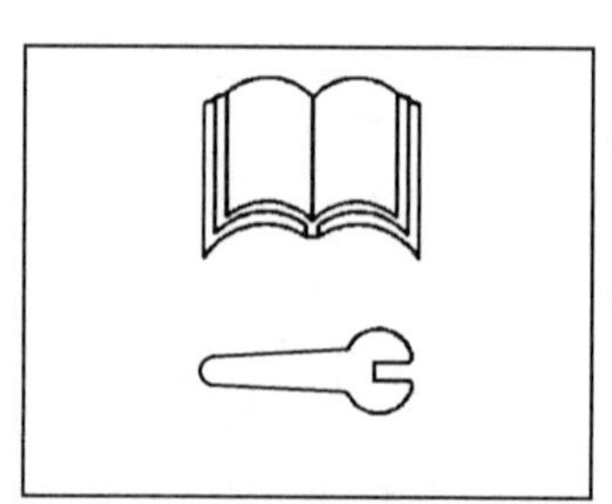

图3-2　操作手册和工具保存位置

（2）能够操作机器上所有的设备。

1）了解所有控制系统、仪表和指示灯的作用；了解额定装载量、速度范围、刹车和转向特性，转弯半径和操作空间高度。

2）记住雨、雪、冰、碎石和软土面等会改变机器的工作能力。

3）准备启动机器之前请再一次阅读并理解制造商的操作手册。如果机器装备了专用的工作装置，请在使用前阅读制造商提供的工作装置的使用手册和安全手册。

三、操作前检查

1. 作业之前的检查

（1）检查铣刨刀地磨损情况，有磨损严重或脱落的铣刨刀需立刻更换。

（2）翻转尾门后务必挂上保险挂钩。

（3）先确认行走手柄处于中间位置，各动作开关处于关闭状态。

（4）检查履带板的磨损情况，如果磨损严重需立刻进行更换。

（5）检查履带架、龙门架、摆动架等紧固螺栓是否松动。

（6）检查各润滑点的润滑是否到位。

（7）检查前输送机的拉伸钢丝绳和保险钢丝绳是否锁好。

（8）检查各液压管路是否损伤、渗漏，电气接线是否牢靠。

2. 检查油路、液位、水位以及信号系统（图 3-3）

（1）检查发动机机油位、齿轮油量是否适当。

（2）检查燃油油位（图 3-4）。

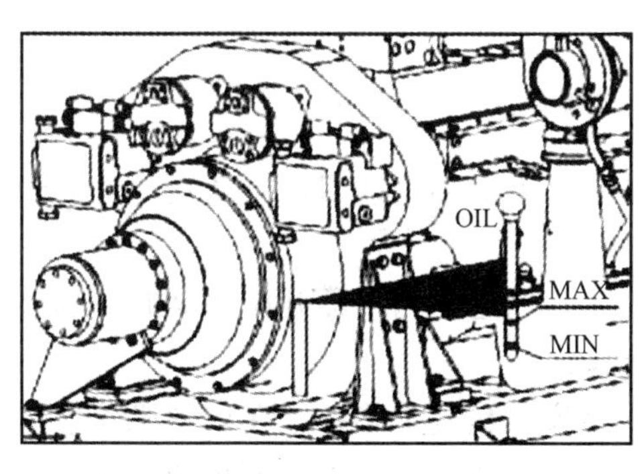

图 3-3

图 3-4

（3）检查发动机各滤清器（空气滤清器、机油滤清器、柴油滤清器）、燃油管路等是否良好。

（4）检查液压油油箱油位指示器（图 3-5）。

（5）检查膨胀水箱水位，检查洒水水箱是否已满。

（6）观察显示器是否显示正常，有无报警信息。

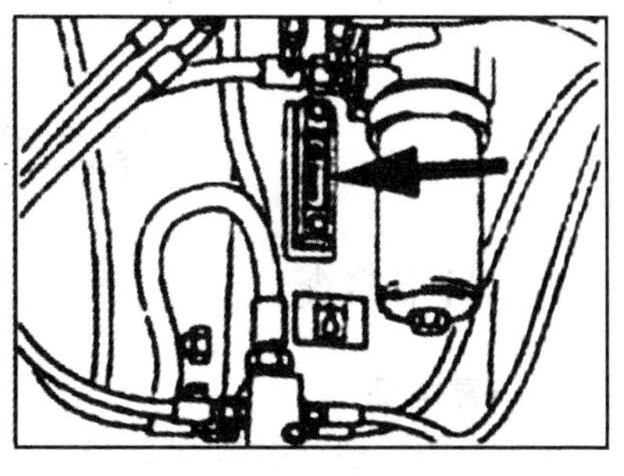

图 3-5

四、对操作及维修人员的要求

1. 操作人员必须是经过岗位培训且能力考核合格的熟练工人，操作时应情绪稳定、头脑清醒、反应敏捷。

2. 只有专业技术人员和售后服务人员才能检查、维修、保养铣刨机。

3. 仔细阅读和遵守机器上所有的安全标牌（图 3-6），学会怎样正确、安全地操作机器使用控制器。

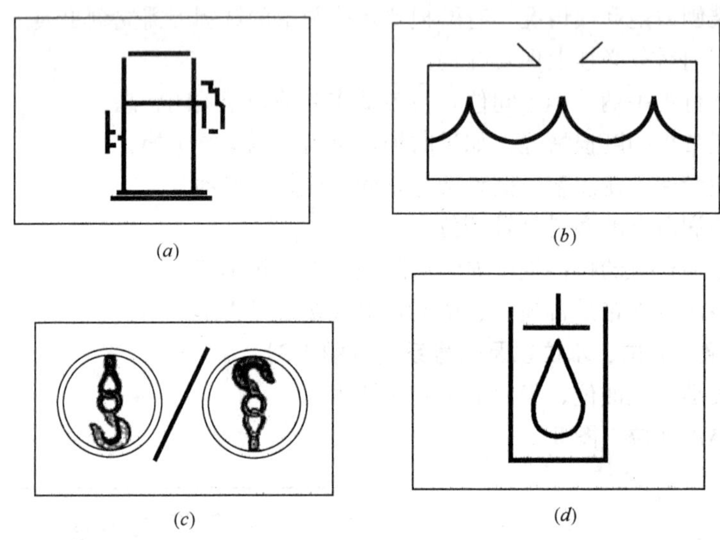

(*a*) (*b*) (*c*) (*d*)

图 3-6

(*a*) 柴油箱；(*b*) 水箱；(*c*) 吊装/拖拽点；(*d*) 液压油箱

4. 只在操作台上启动发动机，绝对不要站在地面上启动发动机，启动发动机前确认所有操作杆处于中间位置。

5. 始终保持行走倒车报警器和喇叭处于正常工作状态，当机器开始移动时，鸣笛以示警告周围人员。

6. 在狭窄区域内行走、回转或操作机器时，请安排信号员指挥。在启动机器前，要协调手势信号的含义。信号员只能是唯一的，不得同时有两名以上信号员同时指挥。

7. 参乘人员会阻挡操作员的视线，导致在不安全的情况下操作机器，因此在机器上只允许有操作员，不可有其他人。

第二节　维　护　保　养

一、日常检查

1. 日常清洁

每天工作后清洁铣刨机，可以使铣刨机长期有效地工作，并提高工作效率，延长使用寿命。主要内容包括：

（1）清洁铣刨鼓上的砂石、沥青废料以及其他杂物；

（2）清洗一二级输送机，保证托辊、皮带、转动轴承等部件清洁干净；

（3）清洗履带，防止灰尘砂石卡在里面影响正常工作；

（4）清除皮带盘上带槽内的沙粒，以延长皮带使用寿命；

（5）清洁空气滤清器。

2. 渗漏油排查

检查各个油路是否有滴油或渗油现象，出现状况及时排除。

3. 电气线路检查

（1）经常检查线束对接的接插件是否有水、油，应经常保持干净；

（2）检查灯、传感器、喇叭、刹车压力开关等处的接插件及螺母是否紧固可靠；

（3）检查线束是否有短路、开断、破损等情况，应保持线束完好无损；

（4）检查电控柜内接线是否有松动，应保持接线牢靠。

4. 油液检查

（1）检查整机润滑油、燃油及液压油油量并按规定加入新油至规定的油标指示刻度（图 3-7）；

（2）检查组合散热器的水位并按规定加入到使用要求。

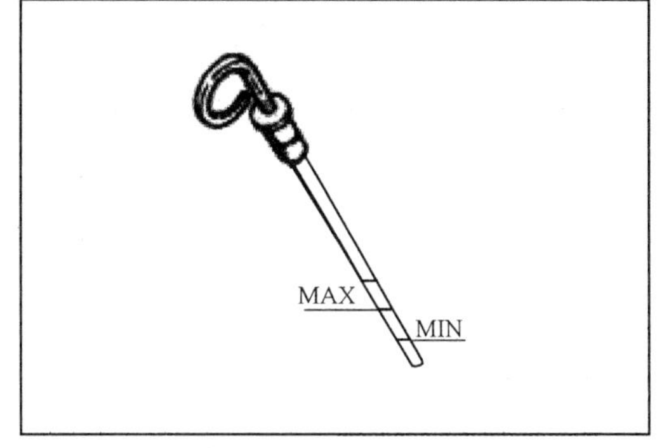

图 3-7

检查液体注意事宜：

➢ 机器一定要停放在横向和纵向均水平的场地；

➢ 铣刨鼓一定要降到最低位置铣刨鼓的下缘才能够保持水平；

➢ 仅仅允许使用由制造商指定的柴油或润滑油，加液体时要保证液体绝对干净，在拆除加液体管线前必须继续保证接头处是干净的，清理时使用无绒抹布；

➢ 认真盖上加液孔和连接口；

➢ 只有在工作温度下才能换机油；

➢ 当放出液压油时不要启动机器；

➢ 只有在液压油的工作温度下才能检查和测量液压系统；

➢ 液压油在加入系统之前必须经过净化处理；

➢ 用有足够量程的压力机来测量液压系统压力，压力计定期检查；

➢ 在加注润滑脂之前要保证加油嘴清理干净。

二、保养周期

1. 定期技术保养

（1）铣刨机 50h 磨合后的技术保养。

（2）铣刨机每工作 100h 技术保养。

（3）铣刨机工作 250h 技术保养。

（4）铣刨机每工作 500h 技术保养。

（5）铣刨机每工作 1000h 及寒冷季节开始以前技术保养。

重复 500h 技术保养全部项目；按发动机使用说明书中 500h 技术保养项目进行发动机的保养；更换液压油滤清器的滤芯；检查风扇传动轴轴承及皮带张紧轮轴承的磨损情况；在温度低于 5℃时，发动机须给予特别维护：

（1）必须使用冬季燃油并特别注意燃油中的含水量，以免堵塞油路。

（2）冷却系统最好加注防冻液，否则停车后待温度降至 40～50℃时，将冷却水放尽。

（3）在严冬季节和地区，铣刨机最好不露天停放，否则启动时须将冷却水加热以预热体。

（4）铣刨机每工作 2000h 技术保养。

（5）铣刨机每工作 3000h 技术保养。

2. 紧固件检查

在最初的 50h 之前时检查紧固度，过后每隔 250h 检查一次，紧固扭矩参考表 3-1。

紧固扭矩技术规格 **表 3-1**

公制螺母和螺栓			
螺纹尺寸	标准紧固扭矩值（N·m）	螺纹尺寸	标准紧固扭矩值（N·m）
M6	12±3	M14	160±30
M8	28±7	M16	240±40
M10	55±10	M20	460±60
M12	100±20	M30	1600±200

备注：

（1）在安装之前确保螺栓和螺母上的螺纹清洁；

（2）给螺栓和螺母涂上润滑剂，以稳定它们的摩擦系数；

（3）如果配重的装配螺栓已松弛，及时拧紧；

（4）要求的紧固扭矩是以 N·m 表示：

例如：1m 长度的扳手紧固螺栓或者螺母时，以 120N 的力量旋转扳手尾端，将产生以下扭矩：1m×120N=120N·m

以 0.25m 扳手要产生同样的扭矩时：0.25m×y=120N·m

所需的力量应为：y=120N·m÷0.25m=480N·m

（1）作业装置的紧固螺栓、张紧螺栓。

（2）发动机及其附件的安装螺栓。

（3）空调、摆架安装螺栓等。

如果有松弛，请用扭矩扳手来检查并紧固螺栓和螺母至图表的扭矩，损坏时应用同等级或更高级的螺栓和螺母进行更换。

3. 作业装置的维护和保养

每工作 10h 检查铣刨鼓减速机是否漏油；

每工作 50h 检查减速机的油位变化。

（1）检查油位：

每工作 50h 检查一次油位。如图 3-8 所示，拆下螺栓 1，油应该慢慢地从孔中流出，否则应添加润滑油。然后将检查螺栓 1 装回。

每工作 1000h 或者隔年工作时应更换减速器润滑油。

更换润滑油：

磨合期内第一次更换润滑油为工作 250h。以后每工作 1000h 更换一次润滑油，如长时间不工作，至少 1 年更换一次润滑油。按图 3-9 所示，拆下螺栓 1 以及挡块 2 和 3，将浮动挡板拆下将机器升到最高，拆下螺栓 2，并用桶或其他容器接取油液。当油液全部流出后，装上螺栓 2，并从螺栓 1 处加注新润滑油，加满后拧紧螺栓 1，并将浮动档板装回。

每工作 10h 检查刀头和刀座情况；

在必要时候及时更换刀头或刀座以及冷却油（图 3-9）。

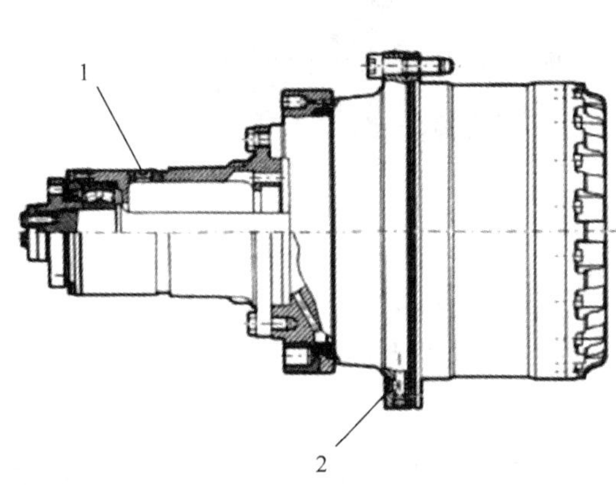

图 3-8　减速机

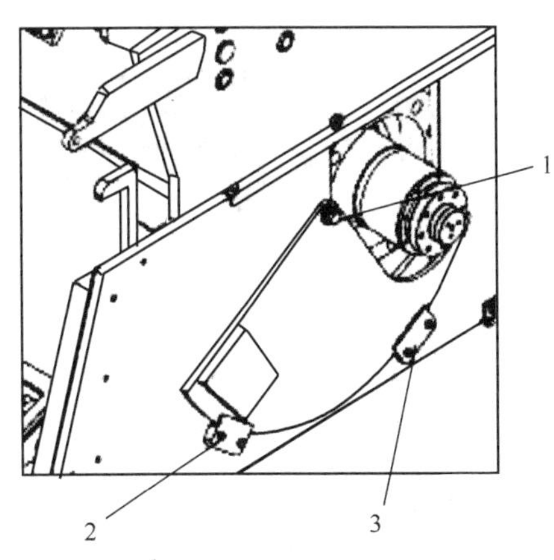

图 3-9　减速机更换润滑油示意图

（2）更换刀头：

1）更换铣刨刀头

使用卸刀钳和锤子打出磨损或损坏的刀头（图 3-10、图 3-11）。

图 3-10　更换刀头示意图

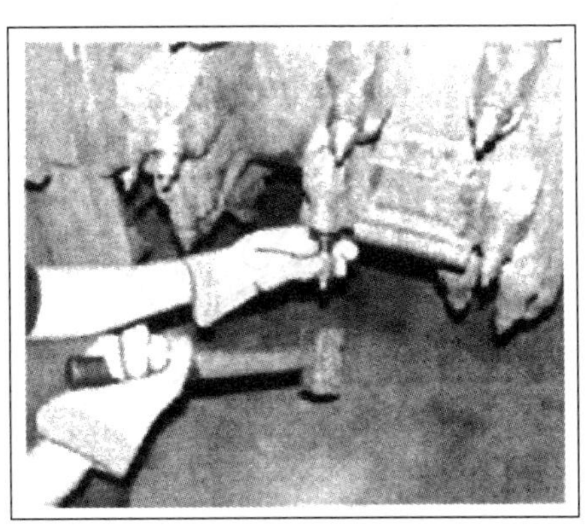

图 3-11　安装新刀头示意图

注：从齿套中拆卸刀具时，请确保正确使用专用眼护脸工具。

2）打入新刀头

注：新刀头仅仅允许用适当的工具如铜锤或硬尼龙锤等来打入，不要用普通的硬锤来打击刀头，这样会损坏刀头的硬质头；确认刀头均正确座入位置并可以在铣刨过程中自由转动，以避免刀头偏磨。

刀头磨损几种状况如图 3-12 所示。

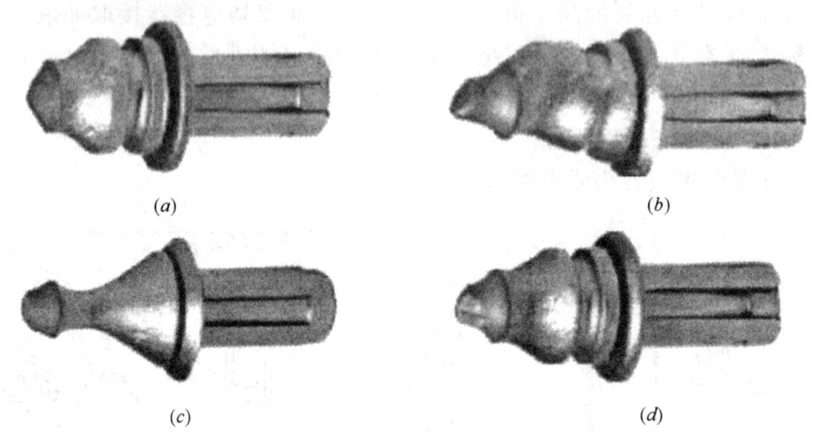

图 3-12

(*a*) 正常磨损；(*b*) 沥青含量过高或刀座状态不佳；

(*c*) 沥青过软或铣刨速度过快；(*d*) 铣刨力大，超高温

(3) 更换刀座

更换刀座前。先卸下刀头，步骤如上所述。然后使用楔形卸刀钳将刀座从底座上起出，如图 3-13 所示。

安装新刀座，先安装齿套，在安装齿套前先在接触面 2 上涂抹防粘油（齿套孔内有防粘包），请勿润滑锥形表面 1；安装前必须清理底座孔 3 中的碎屑和杂物；安装过程中，齿套与底座保持在一条线上，如果不在一条线上，则可能损坏底座内孔。如图 3-14 所示。

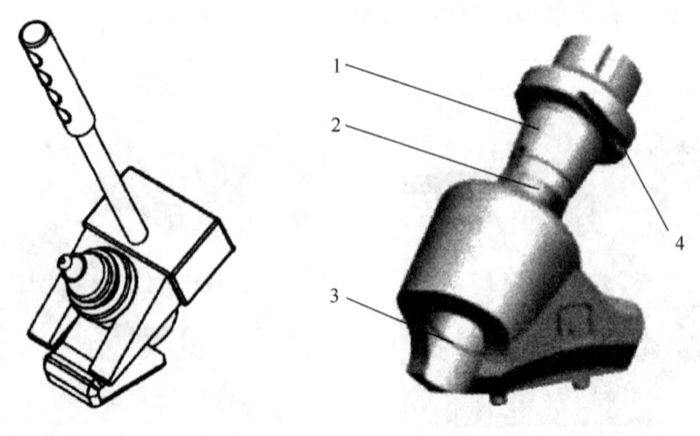

图 3-13　更换刀座示意图　　图 3-14　刀座示意图

易拉槽 4 的槽口开口指向齿座顶部方向或稍微旋转，这样有利于楔形卸刀钳插入，并

且确保安装过程中对齿套表面的保护一请使用安装套件。最后安装刀头。

定期检查铣刨鼓冷却油，如发现起泡、变质等应立即更换将铣刨鼓旋转至加液/排放孔朝下，打开螺塞将冷却液排放到适当的容器中。旋转铣刨鼓到加液孔大约 30°的位置，如图 3-15 所示，用漏斗向已排空的铣刨鼓中加入冷却液，然后将螺塞上紧。

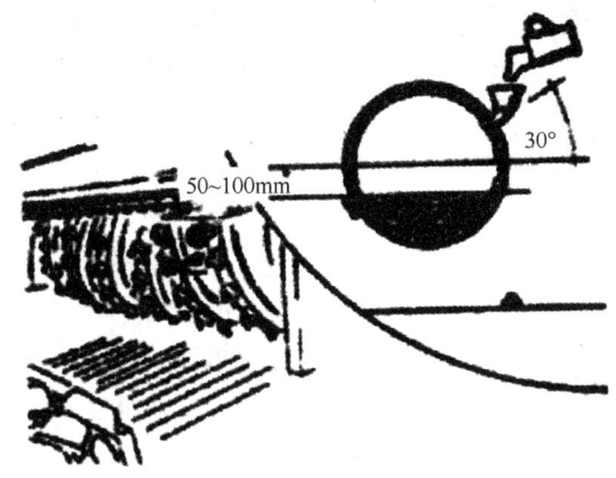

图 3-15　铣刨鼓冷却油检查示意图

4. 铣刨鼓皮带及皮带轮维护和保养

（1）每隔 50h 检查一次皮带张紧螺栓，首先打开图 3-16 所示 1 的门板。

（2）如发现张紧螺栓松动，调整皮带张紧螺栓，如图 3-17 所示，通过调节螺母 2 和螺栓 3，使得拨叉 1 能够在张紧皮带轮不工作时，落在拨叉上，并使皮带不会松脱。

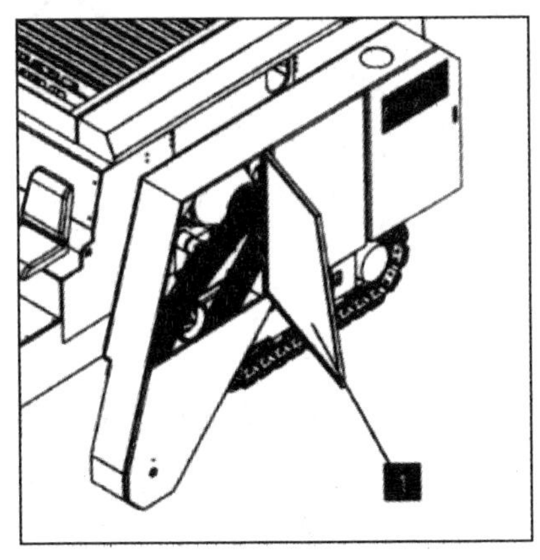

图 3-16　检查皮带张紧方法

图 3-17　皮带张紧装置示意图

（3）更换

定期检查皮带和皮带轮，如发现有损坏请立刻更换。

5. 液压冷却系统维护和保养

每工作 10h 检查冷却器散热翅片一次，发现破损及时更换。

6. 轮边减速器和履带的维护保养

每工作 50h 检查轮边减速器油位和履带的张紧度及磨损情况，及时加注必要的润滑脂。

履带板更换方法：

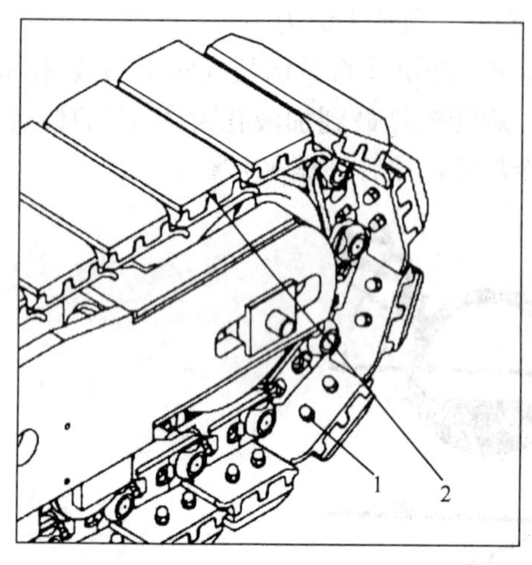

图 3-18 行走履带检修示意图

拆除履带胶块与履带铁板相连接的四个螺栓 1，取下要更换的履带胶块 2；在拆下履带胶块的位置换装上新的履带胶块 2，用四颗带帽的螺栓 1 将履带胶块和履带铁板紧固相连。

每工作 1000h 或 1 年更换一次齿轮油。

7. 洒水系统维护和保养

经常检查水位，发现水不够应立即加水。

清洗喷头滤网：

（1）拧开喷头帽 2。

（2）取出滤网 1。

（3）清洗滤网 1。

清洗水滤：

（1）拧开水滤上的下盖 2，取出滤网 1。

（2）清洗滤网 1。

（3）装上滤网 1，拧上水滤下盖 2。

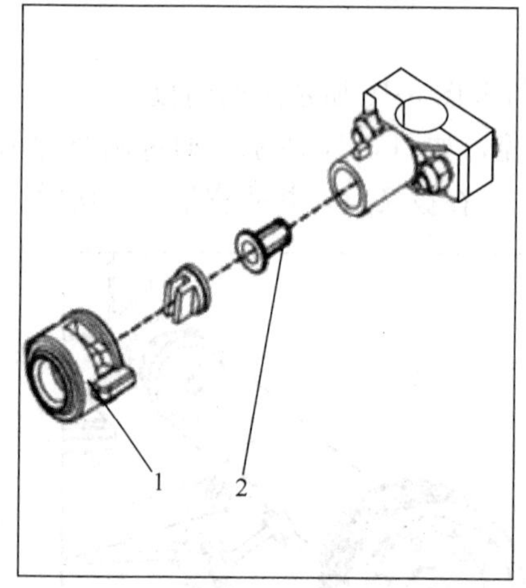

图 3-19 喷头滤网结构示意图

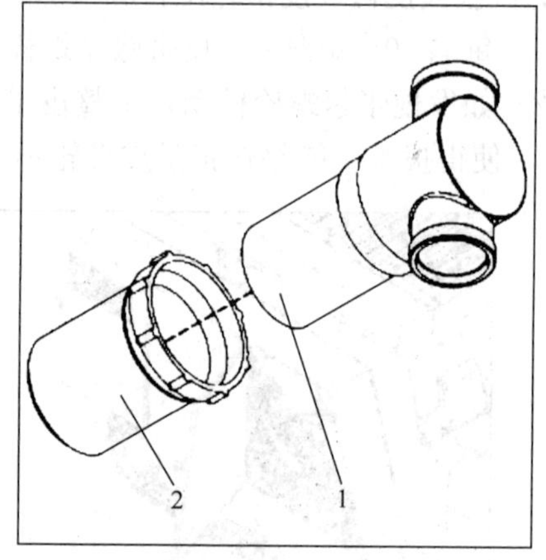

图 3-20 水滤结构示意图

8. 行驶液压系统、作业液压系统、转向液压系统的维护和保养

对液压系统维护应注意以下几点：

（1）对液压系统工作介质的维护

铣刨机在开机之前要检查油箱内液压油的油位是否在正常的工作油位，注意保持油位的正常位置。

1）检查管路过滤器是否堵塞报警，若过滤器堵塞，要及时更换过滤器滤芯；

2）经常检测油箱内的液压油是否有异常现象，如果变白乳化或不清洁等，则需更换；

3）经常检查工作介质的工作油温。

（2）对管路的维护

经常检查管路有无渗漏油现象，尤其管接头连接处及阀密封结合面位置，保证管路的清洁，液压系统使用的安全性。

(3) 对液压系统压力的检测和维护

经常检测铣刨机各系统的安全使用压力，如铣刨机的行驶压力、行驶系统的补油控制压力、作业系统的安全使用压力、制动压力、转向压力等，及时掌握各压力的变化，从而确定液压元件的使用情况。确保铣刨机使用的安全性、可靠性。

9. 空调的维护和保养

(1) 空调系统的正常使用

为使空调系统具有良好的技术状态和工作可靠性，发挥其最大工作效率，延长使用寿命，在使用空调时应注意以下几点：

1) 严格按照生产厂家规定进行保养。

2) 使用空调时应先启动发动机，待发动机稳定运行几分钟后，打开空调开关，选定合适的风量和制冷度：当制冷度调到最大时，风量也应相应调到最大，以免蒸发器因过冷而结冰。

3) 在使用取暖或制冷时，必须关闭通风口、车窗和车门，以尽快达到满意的温度，节省能源。

4) 在不开车窗和车门，只须换气时，可打开制暖开关，但不开热水开关，即不启动压缩机也不供热水。

5) 在制冷时，须将热水阀置于关闭状态，以避免制冷制热同时进行，影响制冷效果。

6) 在发动机停转的情况下，不宜长时间使用空调系统，以免耗尽蓄电池的电能，造成再次启动发动机时产生困难。

7) 在不须使用空调的季节和车辆长期停置时，应每半月启动一次发动机，并运行空调系统制冷，每次运行时间5～10min。

(2) 空调系统的日常保养

1) 保持冷凝器的清洁，冷凝器的清洁程度与其热交换状况有很大关系，因此应经常检查冷凝器表面有无油污、泥垢，散热片是否弯曲或被阻塞现象。如发现冷凝器表面脏污，应及时用压缩空气或清水清洗干净，以保持冷凝器有良好的散热条件，防止冷凝器因散热不良而造成冷凝器压力和温度过高、制冷能力下降，在清洗冷凝器的过程中，应注意不要将散热片碰倒，更不能损伤制冷管道。

2) 保持送风通道空气滤清器的清洁；进入驾驶室的空气都要经过空气滤清器的过滤，因此要经常检查滤清器是否被灰尘杂物所堵塞并进行清洁，以保证进风量充足。为防止蒸发器芯的空气通道阻塞，影响送风量，一般每星期检查清理一次内外空气过滤器。

3) 应定期检查压缩机皮带的使用情况和松紧程度；如皮带松弛应及时张紧，如发现皮带裂口或损坏应采用车用空调专用皮带进行更换；新装的皮带在使用36～48h后会有所伸长，故应重新张紧，张紧力一般为160～200N。

4) 经常检查制冷系统各管路接头和联结部位、螺栓、螺钉是否有松动现象，是否有与周围机件相磨碰的现象，胶管有否老化，在进出叶子板孔处的隔震胶垫是否脱落或损坏。

5) 在春、秋或冬季不使用冷气的季节里，应每半月启动空调压缩机一次，每次5～10min；这样制冷剂在循环中可把冷冻机油带至系统内的各个部分从而防止系统管路中各密封胶圈、压缩机轴封等因缺油干燥而引起密封不良和制冷剂泄漏，并使压缩机、膨胀阀以及系统内各活动部件动作，不致结胶黏滞或生锈；还要注意的是在进行这项保养时，应在环境温度高于 4℃时进行，否则当温度过低时会因冷冻油黏度过大流动性变差，当压缩机启动后不能立即将油带到需要润滑的部位而造成压缩机磨损加剧甚至损坏。

（3）空调系统的定期保养

空调作为重要的一个系统，除了前述由驾驶员进行的一些日常保养和检查工作外，在空调的使用过程中，还应由车用空调的专业维修人员对空调系统做一些必要的定期保养和调整检查工作，才能更好地保证空调的寿命和工作可靠性。空调系统的定期保养和维护项目主要有：

1）压缩机的检查和保养：一般是每三年进行一次，主要检查进、排气压力是否符合要求，各紧固件是否松动，是否漏气等；拆开压缩机检查进排气阀片是否有破损和变形现象，如有应修整或更换进排气阀总成；压缩机拆修后必须更换各密封圈和轴封，否则会造成压缩机密封处泄漏。

2）冷凝器及其冷却风扇的检查和保养：一般每年进行一次，保养内容主要是彻底清扫或清洗冷凝器表面的杂质、灰尘，用扁嘴钳扶正和修复冷凝器的散热片，仔细检查冷凝器表面是否有异常情况，并用检漏仪检查制冷剂有否泄漏；如防锈涂料脱落，应重新涂刷，以防止生锈穿孔而泄漏；检查冷凝器冷却风扇是否运转正常，检查风扇电动机的电刷是否磨损过量。

3）蒸发器的检查和保养：一般应每年用检漏仪进行一次检漏作业，每 2～3 年应拆开蒸发箱盖，对蒸发器内部进行清扫，清除送风通道内的杂物。

4）电磁离合器的检查和保养：每 1～2 年应检修一次，重点检查其动作是否正常，是否有打滑现象，接合面是否有磨损，离合器轴承是否严重磨损。同时，还必须用塞规检查其电磁离合器间隙是否符合要求。

5）储液干燥器的更换：在正常使用情况下，一般每 3 年左右更换一只储液干燥器，如因使用不当使系统进入水分后应及时更换；另外，如系统管路被打开与空气相通时间超过 30 min 时，一般也应更换储液干燥器。

6）膨胀阀的保养：一般每 1～2 年检查一次其动作是否正常，开度大小是否合适，滤网是否被堵塞，如不正常应更换或作适当调整。

7）制冷系统管路的保养

① 管接头：每年检查一次，并用检漏仪检查其密封情况；

② 配管：检查其是否与其他部件相碰，检查软管是否有老化、裂纹现象，一般每 3～5 年更换软管。

8）驱动机构的检查和保养

① 压缩机的三角皮带：每使用 100h 检查一次张紧度和磨损情况，使用 3 年左右应更换新品；

② 张紧轮及轴承：每年检查一次，并加注润滑油。

9）冷冻油的更换：一般每两年左右检查或更换，对于管路有较大泄漏时，应及时检查或补充冷冻油。

10）安全装置的检查与更换：压力开关、温控装置等关系到空调系统是否能安全、可靠地工作的安全装置，一般应每年检查一次，每五年更换一次。

上述定期检查和保养周期应根据空调运行的具体情况来操作，对于空调使用十分频繁的南方地区，可适当缩短保养周期，而对于北方地区，可适当延长保养周期。

（4）其他事项：

1）螺栓、螺母等紧固件在使用中应每三个月紧固一次；

2）防震隔震胶垫应每年检查其是否老化、变形，如有故障应及时更换；

3）管道保温材料应每年检查一次是否老化失效；

4）制冷状况的检查应每两年进行一次，一般测量进、出风口温差应在7～10℃。

（5）维护保养周期表（表3-2）

维护保养周期表 **表3-2**

项目	检查维护内容	检查周期
管路接头	检查各接头的锁紧螺母紧固无松动，胶管及接头无制冷剂渗漏油污，各软管和管道无裂纹、老化、变脆、压伤、压扁等损坏现象	每月一次
冷凝器	冷凝器翅片无变形，否则梳理整齐；芯体未被杂物堵塞，否则清理干净	每月一次
	冷凝风机叶片无损坏，且能正常运转	每月一次
蒸发器	清理蒸发器芯体的进出风道内的杂物检查冷凝水的底部排水管无堵塞，否则清理通畅	每年一次
贮液器	检查压力开关的插接件牢固可靠	每季一次
	空调使用一定时间后更换贮液器	每1000h
制冷剂量	空调运行时从检视窗察看应只有微量气泡或无气泡，否则应补充制冷剂	每月一次
压缩机	固定安装螺栓牢固未松动	每月一次
	检查压缩机装配配合面、主轴旋转轴封等处无制冷剂泄漏油污	每月一次
	检查压缩机皮带的磨损情况，严重时须更换	每月一次
	检查皮带张紧情况，张紧力不够时须再张紧	每月一次
	空调未使用季节，启动空调运转几分钟	每周一次

10. 发动机的维护和保养

（1）每日保养内容

柴油机预防性保养，是从每天了解其本身及其系统的工作状态开始，在启动之前，需先进行日常维护保养，检查机油和冷却液面，需寻找可能出现的泄漏、松动或损坏的零件、磨损或损坏的皮带以及柴油机出现的任何变化。

1）检查机油油面

检查油面高度需在柴油机停车（至少5min）后使机油充分回流到油底壳后进行，当油面低于低油面记号或高于高油面记号时，绝不允许开动柴油机。

2）检查冷却液面

打开散热器或膨胀水箱的加水口盖或液面检查口检查冷却液面。警告：须等柴油机冷却液温度降至50℃以下时，方可拧开散热器加水口盖。柴油机刚停车就立即拧开，带压力的高温水和蒸汽会喷出伤人。在添加冷却液时，要排除冷却系统中的空气。

3）检查传动皮带

检查皮带是否有纵横交叉的裂纹。用手检查皮带的张紧度。若皮带磨损或出现材料剥落应予以更换。

4）检查冷却风扇

每天都要检查风扇有无裂纹、铆钉松动、叶片松动和弯曲等毛病。应确保风扇安装可靠，必要时拧紧紧固螺栓，更换损坏的风扇。

5）排除燃油—水分离器中的水和沉淀物

应每天排除油—水分离器（如果有的话）中的水和沉淀物。打开油—水分离器或燃油滤清器底部的阀门，排除水和沉淀物，直到清洁的燃油流出为止，然后再关紧阀门。

6）注意

若排出的沉淀物过多，应更换油—水分离器，必要时更换所有燃油。以免影响柴油机顺利启动。

（2）每隔 250h 或 3 个月的保养内容

在完成日常保养的基础上，再增加下列保养项目（应根据发动机使用的环境或发动机使用状况适当缩短保养周期，但即使柴油机正在使用中，也无论如何不能将周期延后）：

1）更换机油和机油滤清器

柴油机使用后机油会变脏，同时机油添加剂减少，因此需定期更换机油和机油滤清器以清除悬浮在机油中的污染物。

更换步骤：

更换机油应在机油是热的和污染物在悬浮状态时放油，柴油机运转至水温达到 60℃时停车，拆下放油螺塞，将机油放净；更换机油滤清器，清除机油滤清器座四周脏物。拆下旋装式机油滤清器。清洗滤清器座 O 形密封圈表面。

注意：

安装机油滤清器前，应先用清洁的机油注满其内腔，并在密封圈表面上涂一薄层干净的机油。按机油滤清器厂的说明安装机油滤清器。

滤清器拧得过紧会引起螺纹变形或使密封圈损坏。安装放油螺塞；用清洁的机油注入柴油机至合适的油面高度；启动柴油机在怠速运行，检查机油滤清器和放油螺塞处是否漏油；停车 15min 让机油从上部零件流下，再检查油面高度；如有必要，在添加机油使油面高度达到高油面记号处。

2）检查进气系统

检查进气胶管是否有裂纹或穿孔，夹箍是否松动，如发现应予以拧紧或更换，确保进气系统不漏气，否则会造成柴油机损坏。

检查步骤：

检查和保养中冷器（如有）：用肉眼检查进气中冷器进出气室是否有裂纹、穿孔或其他损坏。检查中冷器管子、散热片以及焊缝是否开裂、脱焊以及其他的损坏。如果检查发现由于增压器失效或其他的原因造成机油或垃圾进入中冷器，则该中冷器必须从设备上拆下进行清洗（注意：不能用带腐蚀性的清洁剂清洗中冷器，否则会严重损坏中冷器）。

3）检查空气滤清器：

空气滤清器阻力超过下列数值时，应更换空气滤清器元件：增压和增压中冷机型 6.2kPa；自然吸气机型 5.0 kPa（空气滤清器阻力应在柴油机标定工况时检查）；如果空气滤清器装有阻力指示器，应定期检查，若红色标记已上升到检查口位置或出现阻力报警，应更换空气滤清器元件。更换完成后，将报警指示器复原。

警告：绝不允许在不带空气滤清器的情况下开动柴油机，必须滤清进气空气以防止灰尘、垃圾进入柴油机造成柴油机早期磨损。

（3）每隔 500h 或 6 个月的保养内容

在完成日常保养和前一个周期性保养项目的基础上，再增加下列保养项目：

1）更换燃油滤清器

将燃油滤清器座周围清理干净。拆下燃油滤清器并擦干净滤清器座的密封表面；将干净的柴油注入新的燃油滤清器，并用清洁的机油润滑橡胶密封圈；按燃油滤清器制造厂的说明书安装燃油滤清器（为防止燃油泄露，必须拧紧燃油滤清器，但不能拧得太紧，否则会损坏燃油滤清器）。

2）燃油系统放气

在燃油喷射泵的进油腔装有溢流阀时，如果按上条规定更换燃油滤清器，进入燃油系统的少量空气可以自动地被排出。但出现下列情况时，燃油系统需进行人工排气：

① 在装燃油滤清器时其内腔未注满柴油。

② 更换燃油喷射泵。

③ 初始启动或启动后柴油机没有继续运行。

④ 燃油箱中的柴油吸空。

⑤ 排气步骤：

A. 低压燃油管和燃油滤清器放气：打开燃油滤清器上的放气螺钉，按动手动泵泵油，直到放气螺钉接头流出的柴油没有空气为止，然后再拧紧放气螺钉。

B. 高压燃油管放气：松开喷油器上的高压油管接头螺母，用启动电机转动柴油机，以排放高压油管中的空气，然后再拧紧接头螺母。启动柴油机，逐根排泄高压油管中的空气，直到柴油机能稳定运转为止。

3）检查防冻液

用冰点仪检查防冻液的浓度。在任何气候条件下，都有必要添加防冻液，因为加入防冻液可提高冷却液的沸点，同时又降低了其凝固点，从而扩大了柴油机运行的范围。防冻液中添加有很多对柴油机有保护作用的元素，可以增加发动机的寿命。如防冻液过少或变质，应予以添加或更换。

（4）每隔 1000h 或 1 年的保养

在完成日常保养和前述的各个周期性保养项目的基础上，再增加下列保养项目：

1）调整气门间隙

拆卸气缸盖罩，将盘车工具插入盘车孔并与飞轮齿圈啮合，用手慢慢地转动曲轴寻找第一缸压缩死点位置，用气门间隙塞规按发动机说明书中要求检查和调整气门间隙。检查和调整气门间隙时，柴油机应冷却至 60℃以下。在第一缸活塞上死点位置，按说明书中指定步骤检查和调整各气门间隙。拧紧摇臂锁紧螺母后，再复查各气门的间隙，其数值不应有变化。在皮带盘减振器上标记并转动曲轴 360°，然后按说明书上所示再检查和调整指定的各气门间隙，拧紧摇锁紧螺母后，再重复检查各气门的间隙，数值不应有变化。重新安装好缸盖罩。

2）检查皮带张紧状况

在皮带的最大跨距处测量其挠度，最大挠度不应大于发动机限值（见说明书）。

3）检查皮带、张紧轮轴承和风扇传动轴轴承

拆下传动皮带，检查皮带是否损坏；转动张紧轮，检查张紧轮轴承是否异常（张紧轮转动自如，不得有任何卡滞或径向、轴向串动现象）；转动风扇，检查转动轴轴承是否异常（转动风扇不得有振动和过大的轴向串动现象）。再重新安装好传动皮带。

（5）每隔 2000h 或 2 年的保养

在完成日常保养和前面的各个周期性保养项目的基础上，再增加下列保养项目：

1）清洗冷却系统

由于柴油机经较长时间使用后，防冻液因受热氧化变质成有机酸，对发动机有很大的腐蚀性，防冻液中的沉淀物也会越来越多，从而防腐能力慢慢下降，并且产生的沉淀物会堵塞冷却液流道；此外，随着柴油机使用时间的增长，防冻液中的矿物质浓度慢慢升高，以及渗入冷却液中的机油、废气污染了冷却液，为确保柴油机冷却和防腐效果，必须定期清洗冷却系统，两年更换和清洗一次。

2）检查扭振减振器

检查扭振减振器内圈和外圈上的刻线是否移动，若两刻线错位大于 1.6mm，则应更换该减振器。检查减振器橡胶元件是否老化。如果发现有碎片状橡胶脱落或橡胶圈低于金属表面距离大于 3.2mm，则应更换该减振垫。

（6）其他（表 3-3）

表 3-3

<table>
<tr><th colspan="3" rowspan="2">零部件</th><th rowspan="2">数量</th><th colspan="8">间隔（h）</th></tr>
<tr><th>8</th><th>50</th><th>100</th><th>250</th><th>500</th><th>1000</th><th>2000</th><th>4000</th></tr>
<tr><td colspan="3">1. 检查平衡箱内润滑油的油位</td><td>—</td><td colspan="8">经常</td></tr>
<tr><td colspan="3">2. 更换平衡箱内润滑油</td><td>—</td><td></td><td></td><td></td><td colspan="5">每隔 1000h</td></tr>
<tr><td colspan="3">3. 检查行车制动器制动衬片的磨损</td><td>—</td><td colspan="8">根据需要</td></tr>
<tr><td colspan="3">4. 更换行车制动器制动衬片</td><td>—</td><td colspan="8">根据需要</td></tr>
<tr><td colspan="3">5. 检查停车制动器摩擦片的磨损</td><td>—</td><td colspan="8">根据需要</td></tr>
<tr><td colspan="3">6. 更换停车制动器摩擦片</td><td>1</td><td colspan="8">根据需要</td></tr>
<tr><td colspan="3">7. 检查和更换后桥架铜套</td><td>2</td><td colspan="8">根据需要</td></tr>
<tr><td colspan="3">8. 检查和调整铲刀</td><td>1</td><td colspan="8">根据需要</td></tr>
<tr><td colspan="3">9. 检查轮胎</td><td></td><td colspan="8">每天</td></tr>
<tr><td colspan="3">10. 检查和更换保险带</td><td></td><td colspan="8">每隔 3 年</td></tr>
<tr><td colspan="3">11. 检查挡风玻璃洗涤液液位</td><td>1</td><td colspan="8">根据需要</td></tr>
<tr><td rowspan="4">12. 检查空调机过滤器</td><td rowspan="2">循环空气过滤器</td><td>清扫</td><td>1</td><td></td><td>*</td><td></td><td></td><td></td><td></td><td></td><td></td></tr>
<tr><td>更换</td><td>1</td><td colspan="8">在堵塞严重时</td></tr>
<tr><td rowspan="2">新鲜空气过滤器</td><td>清扫</td><td>1</td><td></td><td>*</td><td></td><td></td><td></td><td></td><td></td><td></td></tr>
<tr><td>更换</td><td>1</td><td colspan="8">在清扫过 10 次以上后</td></tr>
</table>

续表

零部件	数量	间隔（h）							
		8	50	100	250	500	1000	2000	4000
13. 检查空调机	—				*				
14. 检查喷嘴	—						*		
15. 紧固汽缸头螺栓	—	根据需要							
16. 检查并调节阀间隙	—							*	
17. 检查燃油喷射定时	—	根据需要							
18. 测量发动机压缩压力	—							*	
19. 检查启动器和交流发电机	—							*	
20. 检查螺栓和螺母的紧固扭矩	—				*				

11. 铣刨机的中修周期及检查内容

（1）铣刨机的中修周期

每年的雨季或年底休闲期，须对机器进行一次中修，具体内容如下：

1）外观检查及修复

① 机罩、驱动装置、桥架、驾驶室、上车楼梯无明显磕碰变形；

② 铣刨鼓及刀座无冲撞变形，轮胎无明显的切割、掉块及磨损；

③ 门锁开关自如。

2）其余各部检查与修复按表 3-4。

铣刨机中修及其修复检查表 **表 3-4**

序号	检查修复项目		检查修复后的检验标准
1	驾驶与操纵	驾驶室外形	驾驶室不漏雨，无污物
		操纵台	定位准确，无晃动
		操纵手柄	操作动作正常
		仪表	所有信号（灯）与显示正常（工作灯、转向灯、警示灯等），显示的参数和信息准确、可靠
		控制开关	控制开关的控制功能正常
		附属功能	雨刮器、喇叭正常
2	发动机	启动、熄火	启动、熄火性能正常
		排放	无过热、放炮现象，无白、蓝、黑烟
		渗漏	接口和结合面无漏水、漏气、漏油现象
		异响	无异响
3	电气	接线	接线准确合理
		蓄电池	接线柱头性能良好，无损坏、松脱，电解液正常

续表

序号	检查修复项目		检查修复后的检验标准	
4	液压系统	油压（MPa）	行车制动压力	符合说明书的要求
			转向压力（正转/反转）	
			作业泵压力	
			制动泵压力	
			行驶泵压力	
			蓄能器充液压力	
			补油压力	
			壳体压力	
		液压油缸	液压油缸部件无干涉，紧固良好	
			软管和钢管无油泄漏	
		液压油缸	油缸部件润滑油嘴无损坏，并加注了黄油	
		管路	管路排列整齐，无扭曲、无泄漏	
		液压油	清洁度≤19/16	
		过滤器	无泄漏，堵塞指示器指示在绿色区域	
5	冷却器	风扇	冷却风扇旋转标准方向正确	
		管路	管线及软管无干涉、损坏、扭曲，无油、水泄漏	
		散热	管路畅通、散热好	
6	液压油箱	液位计	透明、无油泄漏，液压油处于液位计 2/3 以上	
		法兰	无渗漏	
		管路、接头	无渗漏	
		清洗孔	无渗漏	
7	转　向	转向油缸	打正方向盘，松开铰接转向杆，操纵转向油缸，检验铰接转向；转向应轻便、灵活、平衡、准确、可靠	
8	行车制动	制动次数	制动压力从 9.6～10MPa 降到 8MPa 时，关闭发动机后的有效制动次数：≥5（次）	
		制动距离	$\leqslant V^2/68$	
9	停车制动	停车制动	停 15%的坡道：停车可靠，无位移	
		行驶制动	停 25%的坡道：停车可靠，无位移	
10	作业装置	铣刨鼓	铣刨鼓转动正常，无异响	
		油路	无漏油现象	
		驱动	铣刨鼓铣刨动力正常	
		刀具	刀具布置正常，无损坏或脱落	
11	减速器	噪声、异响	运行无异常噪声、无异常响声	
		润滑	升降系统润滑到位	
		外观	无渗漏	

续表

序号	检查修复项目		检查修复后的检验标准
12	档位	档位选择器	挂相应的档能得到相应的行驶速度
		运行保护	没解除停车制动，车辆不能运行
13	结构件		检查前机架、后机架等焊接件是否有裂纹和大的变形
14	轮胎或履带板		轮胎和或履带板磨损和破损程度
15	润滑		各润滑部位润滑到位

（2）铣刨机的大修周期

铣刨机工作了 5000h 后，需进行大修，大修内容如下：

1）按中修内容进行检查修复；

2）对驱动桥及升级装置的轴承等进行拆检、修复或更换、保养；

3）对侧板及侧板移动装置等进行拆检、修复或更换、保养；

4）对减速器等拆检、修复或更换、保养；

5）更换或修理行驶泵、作业泵、转向泵、行驶马达、回转马达及液压缸的密封件等，清洗阀，更换破损的胶管；

6）对发动机进行拆检、修复保养，更换磨损严重件；

7）对电气系统进行检测，对老化和破损不能使用的元器件进行更换；

8）对液压油箱、燃油箱进行清洗；

9）对组合散热器进行维护、清洗；

10）对空调系统进行拆检、修复或更换、保养。

三、液压油检测与使用要求

铣刨机液压油一般根据地区气温不同选用 68 号和 46 号抗磨液压油，气温偏高的地区选用高号的液压油，气温偏低的地区要选用低号的液压油，有特殊要求的应采用特殊的措施。液压油的选用及使用如图 3-21 所示。

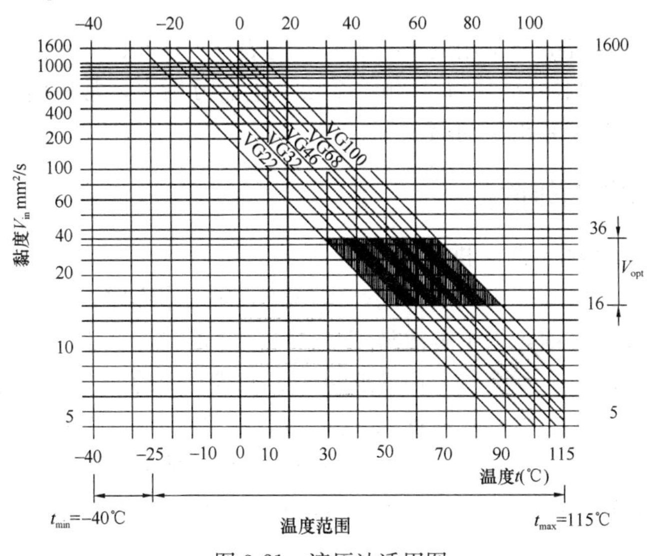

图 3-21　液压油适用图

（1）铣刨机液压油最佳使用黏度范围是 16～36cSt；

（2）铣刨机清洁度等级不得低于按 NAS1638 标准 9 级；

（3）液压油的污染度的检测一般有仪器检测和经验分析方法；

（4）仪器检测可分为：油液污染度检测仪直接检测法和试验室过滤分析法；

（5）经验分析法是在没有仪器情况下，现场通过对油液的观察，感觉进行分析，首先观察油液是否清澈透明，油液里有无悬浮物气泡等，用手感觉油液的黏性如何，如果油液混浊，有悬浮物有的甚至变乳白，说明油液已被污染，就要更换液压油了。

四、特殊环境维护保养注意事项（表 3-5）

特殊环境维护保养注意事项　　表 3-5

操作条件	保养注意事项
海边	操作前：检查螺栓和一切排放螺塞是否已拧紧； 操作后：用清水彻底地清洗机器，以洗去盐分；经常保养电器设备，以避免腐蚀
多尘土环境	空气滤清器：缩短保养间隔定期清扫滤芯； 散热器：清扫散热片，以免堵塞； 燃油系统：缩短保养间隔定期清洗过滤器滤芯和滤器； 电气设备：定期清扫，特别是交流发电机和启动器的整流器表面
冰冻天气	燃油：使用适合低温度的高质量燃油； 润滑剂：使用高质量低黏度的液压油和发动机油； 发动机冷却水：务必使用防冻剂； 蓄电池：以短保养间隔定期充足蓄电池的电，如果不充足电，电解液可能冻结

第三节　常见故障的诊断排除

一、故障检测常用器具

检测铣刨机液压系统故障常用的工具有：压力表（0～4MPa），压力表（0～25MPa），压力表（0～60MPa），测压软管（L＝3m）2 根，电器万用表，常用内六角扳手 1 套，常用扳手，封堵马达和行驶泵出口的堵片等。

二、常见故障诊断排除

1. 发动机常见故障的诊断与排除

为能顺利排除故障、缩短排除故时间，须遵循下列工作程序：

（1）着手排除故障之前，先了解故障细节：如故障前柴油机工作条件一负载情况、海拔高度、环境灰尘状况；故障性质一逐渐恶化还是突然发生的、或者是间歇性出现的、是否在更换燃油或机油后发生等；故障现象一排气烟色、冷却液温度和消耗情况以及有无泄漏、机油温度和消耗情况以及有无泄漏、燃油消耗情况、柴油机噪声情况等；冷却液是否污染，如有机油、铁锈、凝固的沉淀物等，机油是否污染，如有水、燃油等，柴油机振动情况等；

(2) 对故障进行严密而系统的分析;

(3) 把故障的征兆与柴油机系统和基本零部件建立有机的联系;

(4) 把最近的维修或修理与目前的故障相联系;

(5) 在开始拆检柴油机前要加倍的检查;

(6) 排除故障首先从最容易和最明显的问题着手;

(7) 确定故障原因并进行彻底的修理;

(8) 修理结束后,开动柴油机运转证实故障已经排除。

1) 柴油机不能启动

A. 故障现象

(A) 启动数次均不能启动或启动困难;

(B) 勉强启动后迅速停车。

B. 原因分析

柴油供给系统是一个独立的系统,主要由管道、滤清器、输油泵组成,而相关的启动电器部分主要有线路、蓄电池、启动电机,发生启动故障一般有以下几个原因:

(A) 柴油品质差,漂浮物和杂质较多;

(B) 柴油滤芯堵塞;

(C) 进油管漏气;

(D) 柴油输油泵损坏;

(E) 蓄电池电量不够;

(F) 停车电磁阀损坏。

C. 排除方法

先检查蓄电池是否正常,如果电量不够,应去充电,或从别的设备上并联蓄电池。再检查滤芯是否堵塞,如果堵塞就更换滤芯;将新的滤芯装满干净的柴油,装好,并排空气;因油路未完全充满燃油,首次启动时间稍长,但不超过 10s;如果启动失败,必须停机 2min,让马达充分冷却后再启动,否则,易烧坏启动马达。如果是冬天,启动困难,还应检查供油齿条是否在供油位置,预热系统是否正常。连续三次启动失败后,应查找其他原因。必要时拆去停车电磁阀,将齿条复位。

2) 柴油机无法启动原因之一

A. 故障现象

启动柴油机,合上电源开关,启动柴油机时,柴油机转动缓慢,无力,无法启动。

B. 原因分析

根据上述情况从如下方面进行排查:

(A) 电池是否充足电,且电源接线头有无接触不良,松动现象;

(B) 输油泵是否损坏或卡死;

(C) 柴油机是否有机械故障而产生阻滞;

(D) 油路是否堵塞。

如果上述问题都能排除,则应拆看启动马达,检查齿轮是否有齿被打缺而造成转速较慢且不平衡。如果是启动马达齿轮的齿被打缺,且发动机次数过多启动、时间过长,将使马达转子两端轴承磨损严重,并造成内部搭铁短路、电压下降,从而会使马达输出功率不足，柴油机无法启动。

C. 排除方法

先检查蓄电池是否正常，如果电量不够，应去充电，或从别的设备上并联蓄电池。再检查油路、机械堵塞故障。如果是输油泵和启动马达损坏，则应更换，并检查油路的供油情况，排除空气。

3）柴油机无法启动原因之二

A. 故障现象

启动柴油机，马达运转正常，但燃油管路空气不能排除干净，使柴油机无法启动。

B. 原因分析

柴油机油路是柴油从油箱吸出，通过油管，进入柴油粗滤器，再到输油泵，然后到精滤器，最后进入单体泵油腔，故应从柴油机油路查找问题。

C. 排除方法

首先检查油路油管及接头有无破裂或漏气，再查粗滤及精滤是否堵塞，更换滤清器时密封垫是否平整，有无漏气、漏油。检查以上无问题后，再检查柴油输油泵、限压阀。

D. 案例

启动某道依茨柴油机，碰到上述故障，按上述方法排查，发现输油泵输油压力不足，通过对输油泵的拆解，发现限压阀本体阀座偏磨，致使供油压力减小，使柴油机无法启动。更换输油泵，并排除空气后，柴油机恢复正常。

4）柴油机无法启动原因之三

A. 故障现象

合上电源，旋转启动钥匙，启动柴油机。感觉柴油机已经启动，但松开启动钥匙后，柴油机又停止了；仔细观察，在松开启动钥匙瞬间，停车电磁阀同时失电（失磁），回到停车位置。

B. 原因分析

柴油机能着火，这说明柴油机燃油系统没有问题，从而可判定可能是电气系统的毛病，道依茨柴油机的停车电磁阀的工作原理是通电通油，断电断油。由于线头松动，在松开启动按钮瞬间会造成停车电磁阀同时失电。

C. 解决办法

将松动的线接头整理好，拧紧，让其有良好的接触。

5）柴油机无法启动原因之四

A. 故障现象

合上电源，旋转启动钥匙，启动柴油机。感觉柴油机马达动作正常，但柴油机始终不能着火启动，排气管不冒烟。

B. 原因分析

柴油机马达动作正常，但不能着火，排气管又不冒烟，这说明柴油机基本没有供油。柴油机的停车电磁阀通电通油，断电断油。因停车电磁阀始终在断电断油状态，所以无法启动。

如果在冬季，有可能是因为柴油标号过高而不能正常供油，从而使柴油机无法启动。所以，应检查是否有柴油因气温低而出现析蜡，导致燃油系统堵塞。严重时会导致燃油系统部分零部件损坏。所以应根据当地气温适当选择柴油标号。

C. 解决办法

整理好停车电磁阀的线路。

6）柴油机启动马达故障

A. 故障现象

（A）启动时马达没有转动，检测电路正常，直接在马达上进行电路短接马达不转，就可以确定是马达损坏；

（B）启动柴油机时，只听到马达窜动的声音，但柴油机启动不了，检查电源及各部位都正常，但将柴油机飞轮转动一个方向后再进行启动，柴油机能启动，这就可能是启动马达打掉了一个或几个齿。

B. 原因分析

（A）造成启动马达损坏有：

a. 主触点烧损接触不良；

b. 电磁线圈烧坏；

c. 碳刷烧坏。

（B）引起故障的原因是：

a. 启动后没有迅速松开启动按钮，长时间按住启动按钮导致启动马达烧坏；

b. 启动马达使用较长时间后，主触点接触不良。

（C）造成启动马达齿轮打坏的原因是：在连续启动时，中间没有间隔一段时间，马达没有完全停下来就进行第二次启动，从而导致齿轮与齿轮之间没有啮合到位而将齿打掉。

C. 排除方法

（A）更换马达；

（B）更换马达齿轮。

7）机油压力偏低

A. 故障现象

柴油机正常启动，在高、低怠速运转时机油压力指示偏低，低怠速运转时机油压力偏低报警。

B. 原因分析

导致柴油机机油压力低的因素有：

（A）机油油位偏低；

（B）机油滤清器堵塞；

（C）机油等级过低、黏度不对；

（D）机油泵损坏；

（E）油压表或油压传感器损坏。

C. 排除方法

（A）补充机油到标准油位（油面位置到机油标尺的第一刻度线和第二刻度线之间）；

（B）更换机油滤芯；

（C）按标准更换合格机油；

(D) 检修、更换机油泵；

(E) 检修、更换油压表或油压传感器。

8) 机油压力偏高

A. 故障现象

柴油机正常启动，在高怠速运转时机油压力指示偏高，超过机油压力表的显示刻度。

B. 原因分析

柴油机启动后直接高速运转会因机油温度低、黏度大而出现机油压力过高，此现象在冬季更为明显；应在启动后中速运转，待水温上升后再进入高速运转或大负荷作业。

相关参数：道依茨发动机中 BF6M1013E 和 BF6M1013EC 机油压力：

(A) 热机低怠速最低机油压力（水温 85℃以上时）为 0.5bar；

(B) 热机高怠速最低机油压力（水温 85℃以上时）为 2.0bar；

(C) 热机高怠速最高机油压力（水温 85℃以上时）为一般为 5.0bar，短时间内允许达到 7.0bar，润滑系统内的主油路中装有卸压阀控制系统压力，以保护系统。

C. 排除办法

中速运转一段时间，水温上升后机油压力恢复正常。

9) 机油消耗偏高

A. 故障现象

柴油机工作过程中发现某一阶段机油消耗量较平日增多。

B. 原因分析

导致柴油机机油消耗高的因素有：

(A) 机油油位高；

(B) 机油等级过低、黏度不对；

(C) 机油泄漏；

(D) 铣刨机倾斜工作时间长。

C. 排除方法

(A) 调整机油量到油位；

(B) 按标准更换机油；

(C) 检修各结合面、油管、油封（必要时更换）；

(D) 减少倾斜工作时间。

相关参数：道依茨发动机的机油消耗率。

10) 冷却水温过高

A. 故障现象

柴油机工作过程中发现水温过高，长时间满负荷工作时出现水温过高报警。

B. 原因分析

导致柴油机水温高的因素有：

(A) 水箱缺冷却液；

(B) 风扇皮带松弛或断裂；

(C) 风扇损坏；

(D) 水泵损坏，冷却液不循环；

(E) 节温器失效；

(F) 水箱外部散热片堵塞；

(G) 水箱内部堵塞或钙化。

C. 排除方法

(A) 加足冷却液，并检查渗漏点；

(B) 张紧或更换皮带；

(C) 更换风扇；

(D) 检查水泵，必要时更换；

(E) 更换节温器；

(F) 清除散热片间的灰尘；

(G) 更换水箱。

D. 保养建议

(A) 经常检查水箱内的冷却液存量，杜绝冷却系统渗漏，同时要保证冷却液质量，减少导致水箱结垢的可能；

(B) 禁止使用未经处理的江河湖水等重水代替冷却液，特殊情况可用蒸馏水等软水代替冷却液。

11) 柴油机掉速严重

A. 故障现象

柴油机启动正常，在高、低怠速工作正常，铣刨机加速时掉速严重，转速掉到1400～1600rpm左右，车速也偏低，但工作一段很短时间后恢复正常。

B. 原因分析

柴油机启动正常，高、低怠速工作正常，说明柴油机电器部分无故障，故障点应在燃油系统。燃油系统管路和滤清器的堵塞影响到柴油机的正常供油，导致低压油回路内的压力建立缓慢，使气缸供油量少，供油压力低、雾化不良，柴油机功率低。在解决燃油系统管路和滤清器堵塞问题后一般能恢复正常。另外，输油泵故障会导致同样现象。可以通过检查柴油油路压力（＞5bar）和流量（＞8L）来判断输油泵工作是否正常。

C. 排除方法

检查燃油系统压力和流量，发现压力和流量偏低时，排查燃油系统管路和滤清器、手油泵内的异物，发现后清除便可恢复正常。

D. 建议

柴油机间隔较长时间后启动时因低压油路建立压力需要一定时间，如果马上进入大负荷工作，会导致输出功率偏低。建议铣刨机启动后在中速区空车运行20s左右开始工作。

12) 柴油机喷油器故障

A. 故障现象

启动柴油机低速运转时，冒白烟；当增加负荷时，排气管冒黑烟，发动机功率明显不足，转速下降。

B. 原因分析

出现以上现象多为喷油嘴燃油雾化不良，主要原因是使用了不洁净的燃油，在柴油滤芯损坏不能完全过滤燃油的情况下，致使油嘴偶件卡死，或者喷油嘴开启压力过低。

C. 排除方法

将每缸的高压油管接头依次松开，当感到某一缸断开后柴油机声音无明显变化，或转速变化不大时就可以断定是这一缸喷油器有故障，再将此缸的喷油器拆下到检验台上试压就可知故障原因。若是喷油嘴偶件卡死，更换新偶件调整压力后，就会恢复正常，若是停缸后各缸柴油机转速相差不大，还应该检查柴油滤芯是否损坏。

13）柴油机个别气缸不工作

柴油机个别气缸不工作主要是由于个别喷油器工作不正常造成。

A. 故障现象

（A）发动机工作时，消声器发出有节奏的“突突”声，并冒黑烟，功率下降。此时改变油门开度，发动机不管在什么样的转速下消声器发出有节奏的“突突”声；在怠速运转时，如稍微提高一下转速，响声更为明显；根据上述现象可肯定发动机个别缸不工作。

（B）怎样判断属哪个缸不工作

采用断缸法：即用扳手松开高压油管观察，如发动机转速不变或变化不大，则说明该缸不工作或工作不好，如发动机转速发生明显变化，则说明该缸工作良好。

B. 原因分析

个别缸不工作原因是燃油系统发生故障造成。柴油中如混有水和杂质，或在更换偶件时未将防锈油洗尽，都可以造成喷油器针阀卡死，无法形成油雾，使该缸不能正常工作；另外，高压油泵出油阀偶件磨损、断裂、喷油嘴偶件开启压力降低，都有能导致喷油嘴不能正常工作，使发动机工作异常。

C. 排除方法

（A）取下有故障的喷油器总成，将喷油器装在试验台上，按动试验台手泵压杆，使喷油器喷油，检查喷油器开启压力是否达到要求；

（B）通过增加或减少喷油器内调压垫片来改变调压弹簧的预紧力，从而调整喷油器开启压力；反复调整，使压力表读数达到规定的喷油器开启压力，且柴油雾化良好，细而均匀；

（C）若喷油嘴磨损严重，压力无法调整，且雾化不好就应更换喷油器阀芯，以保证其压力和雾化效果；

（D）如果喷油器无问题，还应检查油泵的出油阀偶件、出油阀弹簧是否有断裂等问题；

在装配喷油器的过程中注意清理缸盖上的喷油器安装孔，不得有杂物，安装时按技术要求垫好紫铜垫圈，安装后不得漏气。

14）柴油机工作时转速不稳定

A. 故障现象

铣刨机工作时柴油机转速不稳定，掉速过大。

B. 原因分析

（A）进、回油管道漏油、漏气；

（B）柴油滤芯堵塞；

（C）供油量不足，柴油质量差。

C. 排除方法

(A) 排查泄漏故障点;

(B) 清洗柴油粗滤芯、更换柴油精滤器;

(C) 张紧输油泵皮带;检查高怠速时的柴油油路的压力和回油量,如果压力小于5bar,回油量小于8L/min,更换输油泵。

D. 保养建议

(A) 保证柴油质量,保证油量充足;

(B) 定期对油箱内柴油进行排水、排污处理;

(C) 严格执行柴油机保养规定,在规定时间里更换柴油精滤、机油滤,清洗柴油粗滤;

(D) 经常对柴油机运动部件进行检查,尤其要检查柴油机的柴油输送泵、风扇、发电机、水泵皮带的张紧度。

2. 冷却系统故障诊断与排除(表3-6)

冷却系统故障诊断与排除 表3-6

序号	故障	产生原因	排除措施
1	发动机冷却液温度过高	1. 缺少冷却液; 2. 散热器前面被堵,阻碍了空气的通过; 3. 液压冷却风扇故障; 4. 节温器未打开; 5. 散热器锈皮或水垢堵塞; 6. 水泵不能正常工作	1. 注冷却液,使冷却液量达到要求; 2. 检查冷却系统是否有泄露,去除堵塞物; 3. 调节或更换风扇传动皮带; 4. 更换节温器; 5. 冲洗冷却系统; 6. 修理或更换水泵
2	发动机冷却温度过低	1. 节温器常开或在低温时即开; 2. 天气太冷	1. 更换节温器; 2. 更换冷却液,或遮盖散热器,或安装散热器百叶窗
3	冷却风扇不旋转或旋转速度慢	1. 液压油箱油位过低; 2. 吸油滤清器滤芯堵塞; 3. 风扇驱动液压泵故障; 4. 风扇驱动液压压力阀故障; 5. 风扇马达故障; 6. 液压胶管接头泄漏	1. 添加液压油至额定油位; 2. 更换吸油滤清器滤芯; 3. 维修或更换液压泵; 4. 维修或更换压力阀; 5. 维修或更换风扇马达; 6. 检查并维修胶管接头,需要时更换密封件

3. 传动系统故障的诊断与排除(表3-7)

传动系统故障的诊断与排除 表3-7

序号	故障	产生原因	排除措施
1	离合器无动作	1. 离合器控制电气故障; 2. 离合器控制液压电磁阀故障; 3. 离合器液压胶管接头泄漏; 4. 离合器控制压力低; 5. 离合器摩擦片磨损; 6. 离合器轴承损坏	1. 离合器控制电气修理; 2. 修理或更换液压电磁阀; 3. 检查并维修胶管接头,需要时更换密封件; 4. 修理或更换压力阀; 5. 更换离合器摩擦片; 6. 更换离合器轴承

续表

序号	故障	产生原因	排除措施
2	传动皮带不张紧打滑	1. 皮带张紧控制电气故障； 2. 皮带张紧控制液压电磁阀故障； 3. 皮带张紧液压胶管接头泄漏； 4. 张紧油缸故障； 5. 张紧蓄能器故障； 6. 张紧控制压力低	1. 皮带张紧控制电气修理； 2. 修理或更换液压电磁阀； 3. 检查并维修胶管接头，需要时更换密封件； 4. 修理或更换张紧油缸； 5. 修理或更换蓄能器； 6. 修理或更换压力阀
3	传动皮带磨损	1. 皮带打滑； 2. 皮带轮槽中有垃圾	1. 调整皮带张紧； 2. 垃圾清理

4. 输料系统故障的诊断与排除（表 3-8）

输料系统故障的诊断与排除 **表 3-8**

序号	故障	产生原因	排除措施
1	无物料	1. 输料系统电子控制故障； 2. 液压油箱油位过低； 3. 吸油滤清器滤芯堵塞； 4. 液压油泵损坏； 5. 液压马达损坏； 6. 驱动轮轴承损坏； 7. 改向轮轴承损坏； 8. 输料皮带损坏	1. 输料系统电子控制修理； 2. 添加液压油至额定油位； 3. 更换吸油滤清器滤芯； 4. 更换液压油泵； 5. 更换液压马达； 6. 更换驱动轮轴承； 7. 更换改向轮轴承； 8. 更换输料皮带
2	输料无力	1. 液压油箱油位过低； 2. 吸油滤清器堵塞； 3. 皮带未张紧； 4. 皮带托辊卡死； 5. 液压泵溢流阀压力低； 6. 液压油泵损坏； 7. 液压马达损坏； 8. 液压胶管接头泄漏	1. 添加液压油至额定油位； 2. 更换吸油滤清器滤芯； 3. 调整张紧螺栓至皮带张紧； 4. 更换皮带托辊； 5. 调整溢流阀至额定压力； 6. 更换液压油泵； 7. 更换液压马达； 8. 检查并维修胶管接头，需要时更换密封件

5. 升降系统故障的诊断与排除（表 3-9）

升降系统故障的诊断与排除 **表 3-9**

序号	故障	产生原因	排除措施
1	不能升降	1. 升降电气控制故障； 2. 液压系统压力低； 3. 升-降油缸损坏； 4. 液压胶管接头泄漏； 5. 升降衬套	1. 升降电气控制的检查并修理； 2. 调整液压系统的工作压力； 3. 更换升降油缸； 4. 检查并维修胶管接头，需要时更换密封件； 5. 检查并修理，加强润滑

续表

序号	故障	产生原因	排除措施
2	升降速度慢	1. 电气控制故障； 2. 升降电磁阀损坏； 3. 液压油污染，升降电磁阀卡住； 4. 液压胶管接头泄漏	1. 升降电气控制的检查并修理； 2. 更换升降电磁阀； 3. 清洗升降电磁阀； 4. 检查并维修胶管接头，需要时更换密封件
3	升降后停不住	1. 液压锁损坏； 2. 液压油缸泄漏； 3. 液压胶管接头泄漏	1. 更换液压锁损坏； 2. 清洗或更换油缸密封圈； 3. 检查并维修胶管接头，需要时更换密封件

6. 行走系统故障的诊断与排除（表 3-10）

行走系统故障的诊断与排除　　表 3-10

序号	故障	产生原因	排除措施
1	履带松弛	1. 张紧油缸泄漏； 2. 张紧蓄能器损坏； 3. 拖轮损坏	1. 更换油缸密封圈； 2. 更换张紧蓄能器； 3. 更换拖轮
2	不能行使	1. 液压油箱油位过低； 2. 吸油滤清器堵塞； 3. 行走操作手柄损坏； 4. 制动器电磁阀故障； 5. 制动器油管接头泄漏； 6. 行走系统电气控制故障； 7. 行走泵损坏； 8. 行走马达损坏	1. 添加液压油至额定油位； 2. 更换吸油滤清器滤芯； 3. 修理或更换行走操作手柄； 4. 修理或更换制动器电磁阀； 5. 检查并维修胶管接头，需要时更换密封件； 6. 行走系统电子控制修理、更换； 7. 更换行走泵； 8. 更换行走马达
3	行使速度慢	1. 行走操作手柄故障； 2. 行走系统电子控制故障； 3. 制动器油管接头泄漏； 4. 行走泵损坏； 5. 行走马达损坏	1. 修理、更换行走操作手柄； 2. 行走系统电子控制修理、更换； 3. 检查并维修胶管接头，需要时更换密封件； 4. 更换行走泵； 5. 更换行走马达
4	不能保持直线行使	1. 单边制动器制动； 2. 单边履带松懈； 3. 单边行走有马达故障； 4. 液压分流阀故障	1. 修理制动器； 2. 调整履带张紧； 3. 修理或更换行走马达； 4. 液压分流阀故障修理或更换

7. 工作装置故障的诊断与排除（表 3-11）

工作装置故障的诊断与排除　　表 3-11

序号	故障	产生原因	排除措施
1	铣刨鼓工作费力	1. 工作减速机故障； 2. 铣刨鼓轴承故障； 3. 铣刨刀断裂、磨损； 4. 铣刨鼓抛料板磨损； 5. 尾门刮料板磨损	1. 工作减速机修理； 2. 修理或更换轴承； 3. 更换铣刨刀； 4. 更换抛料板； 5. 更换刮料板
2	侧滑板升降不顺畅	1. 侧滑板升降控制电气故障； 2. 侧滑板升降电磁阀故障； 3. 侧滑板升降油缸故障； 4. 边刮板滑槽有垃圾； 5. 侧滑板导向槽有垃圾	1. 侧滑板升降控制电气修理； 2. 修理或更换器电磁阀； 3. 修理或更换侧滑板升降油缸； 4. 清理边刮板滑槽垃圾； 5. 清理侧滑板导向槽垃圾
3	尾门升降不顺畅	1. 尾门升降控制电气故障； 2. 尾门阀组故障； 3. 尾门油缸故障； 4. 尾门导向槽卡料； 5. 尾门两侧油缸不同步	1. 尾门升降控制电气修理； 2. 修理或更换尾门阀组； 3. 修理或更换尾门油缸； 4. 清理导向槽积料； 5. 调整油缸节流阀

8. 液压辅助控制系统故障的诊断与排除（表 3-12）

液压辅助控制系统故障的诊断与排除　　表 3-12

序号	故障	产生原因	排除措施
1	顶棚不能升降，发动机后罩不能打开	1. 蓄电池充电不足； 2. 顶棚系统控制电气故障； 3. 动力单元故障； 4. 顶棚油缸、后罩油缸故障； 5. 电磁阀故障	1. 检查蓄电池电压； 2. 顶棚系统控制电气检修； 3. 检修动力单元； 4. 油缸检修或更换； 5. 修理或更换电磁阀
2	转向失控	1. 转向电气故障； 2. 转向电磁阀故障； 3. 转向油缸故障； 4. 液压胶管接头泄漏	1. 转向电气检修； 2. 修理或更换转向电磁阀； 3. 修理或更换转向油缸； 4. 检查并维修胶管接头，需要时更换密封件
3	输送机折叠与锁紧失控	1. 折叠、锁紧电气故障； 2. 折叠、锁紧电磁阀故障； 3. 折叠、锁紧油缸故障； 4. 液压胶管接头泄漏	1. 折叠、锁紧电气故障的检修； 2. 修理或更换折叠、锁紧电磁阀； 3. 修理或更换折叠、锁紧油缸； 4. 检查并维修胶管接头，需要时更换密封件
4	输送机的拉伸和摆动失控	1. 拉伸、摆动电气故障； 2. 拉伸、摆动电磁阀故障； 3. 拉伸、摆动油缸故障； 4. 液压胶管接头漏油	1. 拉伸、摆动电气检修； 2. 维修或更换拉伸、摆动电磁阀； 3. 维修或更换拉伸、摆动油缸； 4. 维修或更换液压胶管接头，需要时更换密封件

续表

序号	故障	产生原因	排除措施
5	输送机提升失控	1. 输送机提升系统故障； 2. 输送机提升电磁阀故障； 3. 输送机提升油缸故障； 4. 输送机提升回路压力阀故障； 5. 电磁单向阀故障； 6. 液压胶管接头漏油	1. 输送机提升系统检修； 2. 维修或更换输送机提升电磁阀； 3. 维修或更换输送机提升油缸； 4. 维修或更换输送机提升回路压力阀； 5. 维修或更换电磁单向阀； 6. 维修或更换液压胶管接头，需要时更换密封件

9. 洒水系统故障的诊断与排除（表 3-13）

洒水系统故障的诊断与排除　　表 3-13

序号	故障	产生原因	排除措施
1	不洒水	1. 液压油箱油位过低； 2. 吸油过滤器堵塞； 3. 液压电磁阀故障； 4. 液压溢流阀故障； 5. 水路电磁阀故障； 6. 水嘴堵塞； 7. 水路分水阀故障； 8. 洒水水泵故障； 9. 洒水水路控制电器故障； 10. 水路水管堵塞	1. 添加液压油； 2. 更换吸油过滤器滤芯； 3. 维修或更换液压电磁阀； 4. 维修或更换液压溢流阀； 5. 维修或更换水路电磁阀； 6. 维修或更换水嘴； 7. 维修或更换水路分水阀； 8. 维修或更换洒水水泵； 9. 维修洒水水路控制电器； 10. 维修或更换水路水管
2	洒水流量少	1. 水滤堵塞； 2. 水路水管漏水； 3. 液压溢流阀故障； 4. 洒水水泵故障	1. 清洗水滤； 2. 维修或更换水路水管； 3. 维修或更换液压溢流阀； 4. 维修或更换洒水水泵
3	清洗水路无水，压力低	1. 液压电磁阀故障； 2. 液压溢流阀故障； 3. 水滤堵塞； 4. 清洗水路控制电气故障	1. 维修或更换液压电磁阀； 2. 维修或更换液压溢流阀； 3. 清洗水滤滤芯； 4. 检修清洗水路控制电气

第四章　安 全 与 防 护

第一节　基 本 安 全 要 求

一、与“人”相关基本要求

1. 操作人员必备条件

（1）作业人接受专业培训并已被证明合格，具备操作能力，经审核、录用和现场授权，具备现场作业资格，安全技术交底后才能操作铣刨机；

（2）在操作机器时，务必穿戴适合于工作的紧身服和安全帽等安全用品；

（3）只有专业技术人员和售后服务人员才能检查、维修、保养铣刨机。

2. 操作人员安全注意事项

（1）始终保持行走倒车报警器与喇叭处于工作状态，当机器开始移动时，鸣笛并警告周围人员；

（2）乘员也会阻挡操作人员的视线，导致在不安全的情况下操作机器，因此只允许操作员在机器上，不可有其他乘员；

（3）驾驶室具有防落物、防倾翻功能，具有一定的防落物、防倾翻能力，但在有石块或碎石掉落可能性的地方作业时，应事先评估，确保人和机器工作时是安全的；

（4）时刻警惕有无旁人进入工作区域，在移动机器运行过程前，用喇叭或其他信号警告旁人，在倒车时，如果您的视线被挡，请使用信号员，用符合当地规定的手信号，只有在信号员和操作者都清楚地明白信号时，才能移动机器；在倒车、转弯或作业时，尽量避免有人在机器附近，防止他人被机器撞倒或压倒，造成严重的伤亡事故。

二、作业前的注意事项

（1）操作员必须培训上岗或者是熟练的操作工人。

（2）在操作机器之前，应仔细阅读安全操作规程和使用说明书并能完全理解机器的操作、保养、维修说明以及安全说明。

（3）在每次启动机器进行现场作业之前，应检查机器的可靠性、作业的安全性，并确认电气、液压、机械等系统准确无误，不得带故障上路作业。

（4）检查水箱水位，柴油箱油位和液压油箱油位，确保有足够的水、柴油和液压油。

（5）如果需要加油，禁止吸烟，应先关闭发动机，附近不能够有明火，将加油器管嘴与油箱颈口接触以防止静电火花。

（6）对所需要铣刨的区域进行隔离，防止其他车辆闯入工作区域引起安全事故，做好行使车辆的疏导工作。

（7）由于铣刨工作时水量需求较大，确保附近有加水的水源，或者专门配备加水车辆。

（8）柴油机启动后必须在空载转速（750～900）r/min 下运行（3～5）分钟。

（9）找平仪零位设定与调试，各找平仪拉绳传感器绳扣连接可靠，螺栓拧紧力适度，绳扣、钢丝绳无损伤。

（10）检查前、后履带台车架最前端与最后段平行度，如履带不平行时，可调整履带转向连杆，直至台车架最前端与最后段的内间距差值在±5mm 范围之内，调整合格后锁紧螺母。

（11）检查后轮回中精度，当发现后履带不与车架侧板平行时（须每天检查拉绳是否可以伸缩自如），首先把后轮置于中位，在显示器上选择菜单：诊断→输出→电位计。读取后轮中位的角度值，再在显示器 BB3 画面的 1 菜单（Parameter）里的 B _ Wheel _ Angle 把该角度值填上并保存下来，直至左、右台车架最前端、最后端的距离之差在±3mm 范围之内。

三、工作中的注意事项

（1）在开始作业之前，驾驶员必须确认机器所涉及的区域内无人，并按喇叭警示。

（2）施工时任何人员不能站在输料机下面，以防被落出的废料砸伤。

（3）要和输料卡车保持一定的车距，并以相同的速度行驶，防止碰撞，以确保输料卡车有足够的运输、活动空间。

（4）在桥梁上施工时要确保桥梁有足够的承载能力，在隧道或桥洞下施工时，确保隧道有足够的高度，防止输料机碰撞。

（5）操作员在工作中不得穿宽松、敞开式衣服和佩戴工艺首饰，以免在作业时被运动机件碰、拌、钩、挂而造成损失甚至导致人身伤害。

（6）控制柜、操纵台、扶梯、踏板上均应保持清洁，不得乱堆乱放工具和器材，不得留有油脂、油垢和脏物。

（7）机器开机运行 50h 后，应当对有所的紧固件进行一次检查和紧固。

（8）操作员应熟悉指挥人员的手势信号，而且只能接受由专人指挥的方向信号，同时要熟悉机器在各种速度下的制动距离，以便能随机选择适当的安全速度。

（9）操作员上下驾驶台，应沿扶梯，双手攀扶扶手，为了安全，手中尽可能不要携带工具器材。

（10）机械上禁止携带易燃易爆物品，禁止在加注燃油或靠近蓄电池时吸烟。

（11）如果在发动机的启动点火开关上已挂有警示标志，表明其不得予以操作时，则不要启动发动机或操纵任何控制件。

（12）在机器作业或行驶之前，要检查悬挂皮带输送机钢丝绳的完好情况及钢丝绳两端卸扣是否拧紧。

（13）禁止把输料机当作起重臂架用于起吊物体。

（14）铣刨作业时，要注意远离阴沟盖，并检查地面下是否存在钢筋和电缆。

（15）在沟渠或斜坡的边缘，使用本机铣刨工作时应加倍小心。

（16）当机器失灵或者突然往下铣刨时，务必立即按下急停按钮或停止发动机。

（17）司机在离开操纵台之前，应将发动机予以熄火并切断电源总开关。

（18）注意观察液压油箱温度计，其温度指示不得高于 80℃，其含量需在液位计 1/2 刻度以上；机油压力在 0.69～3bar 范围内，发动机水温不得高于 100℃，否则要停机检查原因。

(19) 注意铣刨机各零部件有无松动或不正常的声响，如有则应停机检查。

(20) 注意铣刨机的发电机或其他电器元件有无过热而烧焦的气味，如有则应停机检查。

(21) 注意各系统有无泄漏发生，有则应停机检查排除故障。

(22) 注意施工初期阶段须对一、二级输料皮带跑偏进行检查和调整，如有则调整左、右皮带张紧螺杆，使皮带张紧度适中，皮带应运行在驱动辊中位，后拧紧锁紧螺母，在发现皮带早期破损现象时，采取措施对损坏部位进行修补。

(23) 注意开始施工一定距离（30～50m）后，检查铣刨刀具的基座是否有磨损，如出现基座磨损，请通知厂家人员进行检查。

(24) 第一次施工完后必须对所有的进气管路和水路（发动机冷却水路）的卡箍、抱箍进行重新拧紧，以后每隔 100h 检查一次。

(25) 检查高压水泵的下部的泄露孔是否有液压油或水渗出，如有请立即联系厂家更换水泵的密封件。

(26) 尽量避免铣刨过程中启动输料皮带，洒水、输料应在下刀前打开；不允许在深铣时停转输料机。

(27) 在输送带工作时，不要将手置于输送带内，当进行输送带工作前，必须定所有的驱动系统完全关闭。

(28) 铣刨作业时，发现尾门刮料不干净，应调整尾门的背压使刮料更干净，但是背压过大会使下刮刀磨损加快。

第二节　其他安全注意事项

一、启动发动机注意事项

(1) 将钥匙抽入点火开关，旋转 1 位，打开电源，查看所有的指示灯及各种仪表显示是否正常。

(2) 鸣响喇叭以提醒周围人员。

(3) 按住发动机启动按钮，等待发动机启动。

(4) 为防止损坏启动器，必须做到：

1) 每次操作启动发动机不可超过 10s。如果发动机不能被启动，松开启动旋钮，待 30s 后再试。

2) 为保护蓄电池，每次启动要有 1～2min 的间隔时间。

3) 发动机温度低的时候，避免高速运转。

4) 系统通电后，观察无异常时方可启动发动机。

5) 钥匙开关每次停在终位的时间不能超 5s 秒，连续 3 次启动不成功，要查找原因，排除故障后再启动，以免损坏发动机。

二、停车注意事项

(1) 最好将机器停放在水平地面上；

(2) 如果机器要停放在坡上时，前后车轮都要用物体楔住，不得滑动；

(3) 将铣刨鼓降到地上；

(4) 档位选择器置于空档，将停车制动旋钮旋至位置“STOP”上；

(5) 不要在满负荷下关闭发动机，应使其空运转1～2min。如果是临时停车，机器又在不安全的地方，则要把钥匙开关顺时针转至1位，打开停车警示灯开关，让警示灯闪烁，以防发生事故。

三、有关焊接工作注意事项（图4-1）

焊接工作必须由合格的人员来操作，当进行焊接工作时，按以下规则操作：

(1) 关闭操作盘上的钥匙开关。

(2) 取走钥匙并妥善保管。

(3) 断开蓄电池。

(4) 断开所有可能受到损害的电子部件，可以通过取下相关的保险丝，释放跳闸开关或拔下插头件来实现。

(5) 不要将电焊的电缆与机器上的电气走线平行放置。

(6) 一定不要将焊接接地线固定在机器的旋转部件上。

(7) 一定不要使焊条及焊枪接触到机器的电子单元壳体或是走线。

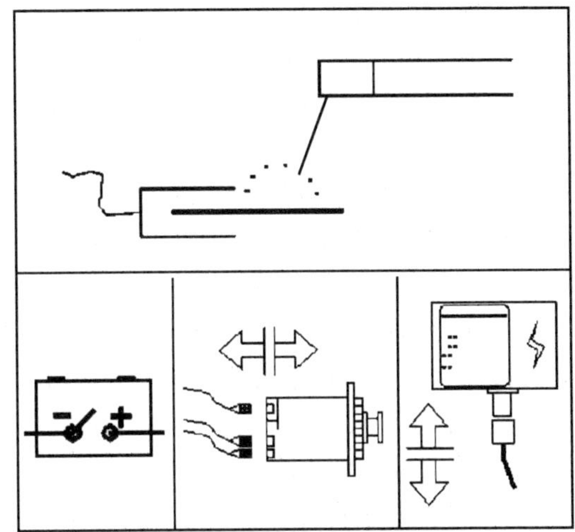

图4-1　焊接注意事项示意图

(8) 将焊机地线夹在离焊点尽可能近的位置，保证焊接电流仅仅通过被焊接的部件。保持地线与机体接触良好，除尽接地处的油漆。

(9) 认真阅读并严格遵守来自发动机原厂操作保养手册中的有关焊接的注意事项。

四、冬天操作注意事项

(1) 在冬季存放的机器应标注适当的标记。

(2) 将机器的内外彻底清理干净并停放在干燥并有良好通风的地方。

(3) 燃料箱内加满柴油。

(4) 用传统的冷清洗剂清理发动机的外部。

(5) 在热车时放出发动机机油并用抗蚀油加入发动机并更换滤芯。

(6) 按照操作及维护手册的要求对各个润滑点进行润滑。

(7) 拆下V形皮带并在皮带轮上涂些抗蚀油。

(8) 将发动机的吸气口及排气口紧紧地包扎封闭。

(9) 检查发动机水箱是否有足够的防冻液。

(10) 盖上仪表台盖子，并锁好。

(11) 拆除蓄电池（拆除前充满电），并将蓄电池存放在干燥，通风的房间里。

(12) 将水箱中的水排净并检查水泵，高压水泵和分水阀中是否还残留水。

五、高原使用注意事项

铣刨机在海拔高度≥2500m、温度≥40℃使用时，因空气逐渐稀薄，柴油燃烧不完全，发动机功率会损失10%以上。此时发动机会冒黑烟，燃油嘴可能会因积碳过热而烧裂，因此需经常对其除碳。

在高原上使用时，要对发动机的进气系统经常进行保养，防止发动机过载。

六、车辆长期存放注意事项

（1）检查机器，修理磨损或损坏的零件，如果需要，装上新零件；

（2）检查各齿轮箱油液；

（3）清扫初级空气滤清器滤芯；

（4）对露出的液压缸活塞杆涂上润滑脂；

（5）润滑所有润滑点；

（6）清洗机器（特别是冬季存放时），要对铣刨机各个部位清洗干净；

（7）在蓄电池充足电后，拆下蓄电池并将其存放在干燥安全的地方，如果不拆下，就从（一）端子上分离蓄电池负极电缆连接；

（8）在冷却水中加入防锈剂，在冬季，要使用防冻剂，或者完全放掉冷却水，如果冷却系统被放空，务必在显眼处放上“散热器无水”的标牌；

（9）放松交流发电机和冷却风扇的皮带；

（10）在必要的地方涂漆以避免生锈；

（11）将机器存放在既干燥通风又安全的地方，如果存放在室外，遮上防水罩；

七、转场注意事项

1. 安全转场

（1）装卸前，彻底清扫斜面或装卸台和拖车板，沾有油污、泥土或冰的斜面、装卸台和拖车平板有溜滑的危险；

（2）必须在坚实水平的地面上装卸机器，与道路边缘保持一定的安全距离；

（3）使用斜面或装卸台时，要在车轮下放置好挡块；

（4）装卸台必须有足够的宽度和强度支撑机器，并有一个小于15°的坡度；

（5）装车时机器的中线应该与拖车的中线对应，缓慢地把机器驶上斜面，防止铣刨鼓刮坏运输车辆的轮胎等；

（6）机器摆放位置校正好后，将铰接车架打直，前轮中心调正与机器中心重合、轮胎与地面垂直；

（7）放下铣刨鼓，下部用橡胶或软木垫实；

（8）把链条或绳索系在机器的机架上，不要将链条或缆索跨过或压在液压管路或软管上，用链条或缆索把机器的四个角和工作装置固定到拖车上；

（9）运输时，应用拉杆固定好铰接转向，以三角木块楔住车轮，并采取其他措施将铣刨机固定牢靠；

（10）将柴油机水箱内的存水排放干净，存留部分燃油供发运使用；

（11）断开蓄电池与机架相连的电路；

（12）卸车时，升起工作装置，然后缓慢移动机器，拖车平板后端与斜面的相汇处成突起状，要小心地驶过，当机器移到坡道时，小心地降下机器直到完全离开坡道；

（13）铣刨机在某一工地施工完后，需在公共道路上短途转场到另一工地时，按“行驶前的准备”工序进行操作。

2. 装车具体步骤

（1）将机器朝前移动到运输工具上（图 4-2）

（2）将铣刨鼓放到木方上，防止损坏运输交通工具（图 4-3）

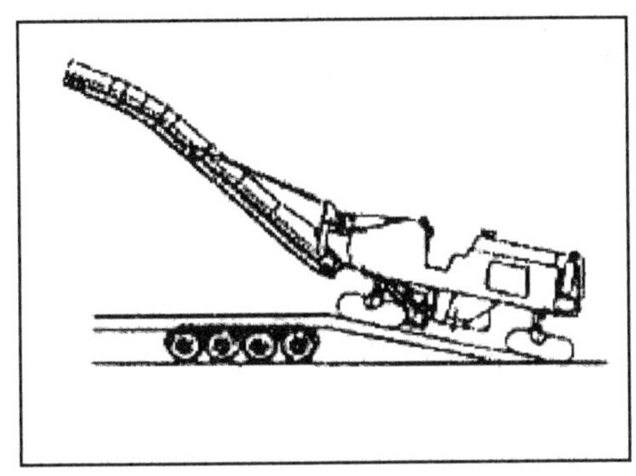

图 4-2

图 4-3

（3）固定机器（图 4-4）

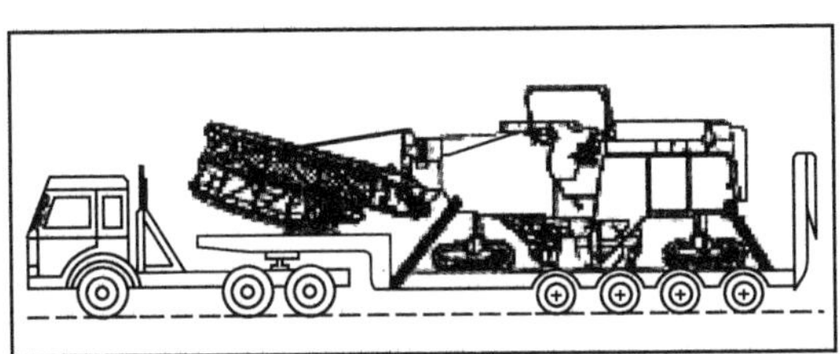

图 4-4

（4）固定并支撑二级输送带（图 4-5）

图 4-5

（5）折叠扶手及遮凉棚（图 4-6）

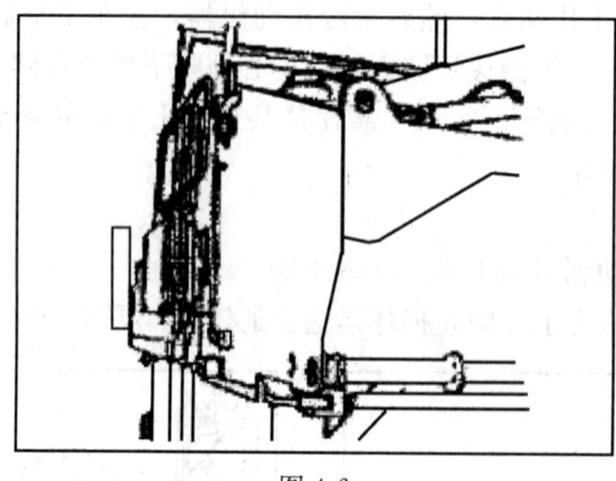

图 4-6

第五章　相　关　标　准

第一节　《道路施工与养护设备　路面铣刨机　术语和商业规格》GB/T 20315—2006

一、应用范围

本标准规定了路面铣刨机的术语、功能、类型和特征。

本标准适用于对混凝土、沥青或其他类似材料修建的路面进行铣、刨施工用的路面铣刨机（以下简称铣刨机）。

二、术语和定义

1. 路面铣刨机

用于铣刨道路铺装层的可移动式道路施工机械。

2. 路面铣刨机底盘

用于承载路面铣刨机所有装置的部件，并向不同的装置分配必要的动力，确保施工与转移过程中机器的正常运转。

3. 铣刨装置

由铣刨鼓和洒水装置组成。铣刨鼓为动力驱动的圆柱体，上面装有铣刨刀具。

注：在铣刨作业过程中，该圆柱体是不断旋转的，铣刨刀具主要依靠洒水装置进行冷却。

4. 调平装置

用于获得并维持铣削底面几何形状的自动或手动控制装置。

注：底面的几何形状取决于纵坡和横坡两个方向。几何基准取决于现有路面的表面形状或专门设定。

5. 集料和卸料装置

收集并卸出松散物料的排料装置。

注：物料可以输送到前、后或侧面的装载设备上，或者堆放到机器侧面或后面的划定区域内。

6. 工作质量

主机的总质量，包括全部标准工作装置、有或无司机室、有或无滚翻保护结构（RODS）等、司机（75kg）、装足油的燃料箱、在额定容量下的所有液体系统。有洒水装置时，还应包括盛一半水的洒水箱的质量。

附铣刨机三坐标尺寸基准制定义（图 5-1）：

A1 零“Y”平面：通过铣刨机纵向中心线的垂直平面。

A2“Y”平面：任一与零“＋Y”平面相平行的垂直平面。

A3 零“X”平面：通过铣刨机后轴中心线和“Y”平面相垂直的垂直平面。

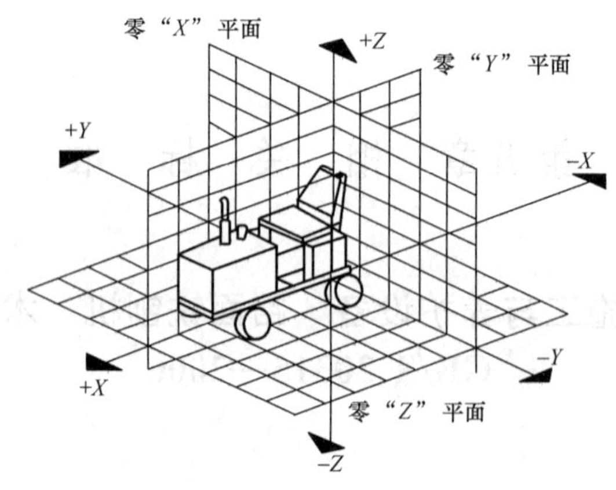

图 5-1　三维坐标图

A4“+X”平面：任一与“Y”平面相垂直的垂直平面。

A5 零“ Z”平面：底部基准面即零“Z”平面，铣刨机将置于此平面上测量。

A6“Z”平面：任一与“X”平面和“Y”平面相垂直的水平面。

A7 坐标的正向：零“X”平面的前方，零“Y”平面的右方和零，“Z”平面的上方均为正向。

第二节　《移动式道路施工机械　路面铣刨机安全要求》GB/T 30753—2014

一、范围

本标准规定了路面铣刨机的安全要求及其在预定使用和可合理预见的错误使用条件可能发生的所有重大危险，并且规定了可消除或减小这些重大危险的适当技术措施。

本标准在《移动式道路施工机械　通用安全要求》GB 26504—2011 的基础上补充了对路面铣刨机的具体要求。

本标准适用于路面铣刨机。

二、安全要求和防护措施

1. 照明、信号灯、标准灯及反射装置

应符合《移动式道路施工机械　通用安全要求》GB 26504—2011 中 5.2 的规定。

2. 操作与处置

应符合《移动式道路施工机械　通用安全要求》GB 26504—2011 中 5.3 及下列规定；应采取适当的措施（如洒水装置）使粉尘的风险减到最小。

3. 司机位置

路面铣刨机可以不配备司机室，但如果配有司机室，则应符合《移动式道路施工机械　通用安全要求》GB 26504—2011 中 5.4 的规定。

4. 司机座椅

应符合《移动式道路施工机械　通用安全要求》GB 26504—2011 中 5.5 的规定。

5. 操控装置和指示器

应符合《移动式道路施工机械　通用安全要求》GB 26504—2011 中 5.6 的规定。

6. 启动

应符合《移动式道路施工机械　通用安全要求》GB 26504—2011 中 5.7 的规定。

7. 停机

应符合《移动式道路施工机械　通用安全要求》GB 26504—2011 中 5.8 的规定。

——即使动力装置（发动机）处于运行中，铣刨机装置也应能停止；

——如果没有另外的操作机器的控制装置，该处也应能实现紧急停机。

8. 死机位置和维护位置的通道装置

应符合《移动式道路施工机械　通用安全要求》GB 26504—2011 中 5.9 及下列规定：

如果车轮或履带在司机位置和/或通道装置的附近，应采取措施使危险减到最小，如果有防护装置，该装置应符合《机械安全　防护装置　固定式和活动式防护装置设计与制造一般要求》GB/T 8196—2003 的第 5 章和第 6 章规定。

9. 防护

（1）通则

应符合《移动式道路施工机械　通用安全要求》GB 26504—2011 中 5.10.1-5.10.3 及下列规定。

（2）铣刨装置

1）通则

铣刨装置应有防护装置。以防止意外的身体接触，并能防止碎屑和零件飞出。防护装置应符合《机械安全　防护装置　固定式和活动式防护装置设计与制造一般要求》GB/T 8196—2003 中第 6 章和第 7 章的规定。防护装置和尾门应与设备保持永久性的连接，即使在其打开时也应如此。

2）后防护装置

对于下肢（包括脚部）区域的危险，其防护应符合《机械安全　防止上下肢触及危险区的安全距离》GB 23821 和图 5-2 的规定。

如有必要，允许 h 值在短时间内超过图 5-2 的要求。例如处于卸料状态和遇到障碍物时。

应尽可能通过防护装置（例如符合《机械安全　防护装置　固定式和活动式防护装置设计与制造一般要求》GB/T 8196—2003 的防护装置，后侧边监视系统）来减小接触铣刨鼓危险区域的风险。

危险区区域应有清晰可见的永久性警告标志，该标志应符合 5.13 的规定。

3）侧防护装置

如果预定在机器运行中对铣刨鼓防护装置的动力驱

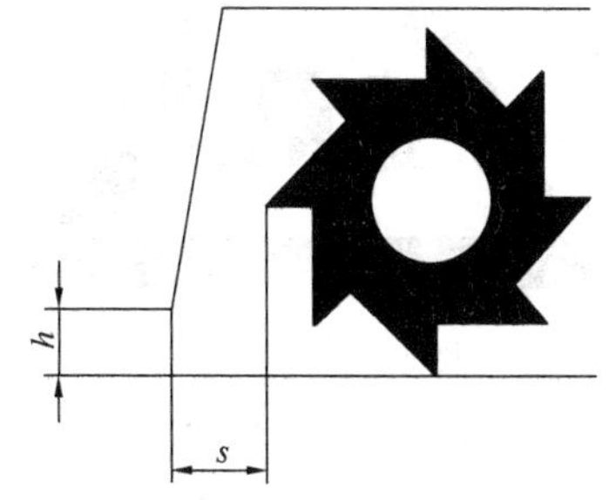

h mm	s mm
≤100	≥250
≤120	≥280

图 5-2　铣刨装置

动的侧板进行操作，则应符合下列要求：

——操作装置不应锁定在空挡（中位）以外的任何位置（止动式控制）；

——侧防护装置的操作位置应设置在危险区域之外；

——应在危险区域范围之内设置闪烁的警示黄灯，且只要启动操作装置，黄灯应闪烁；

——当操作装置释放时，动力驱动的侧板应能自动恢复至其正常（预定）位置，铣刨鼓已停止的情况除外。

4）下降铣刨装置

路面铣刨机在下降铣刨装置进行铣刨作业时，应防止铣刨机意外运行（如向后跳）。

5）铣刨提升装置

提升装置应设有锁定装置。液压锁定装置应防止提升装置意外下降。

机械式锁定装置可集成于提升装置，也可以永久性地连接在提升装置上的独立装置。操作手册应有机械式锁定装置的使用说明。

6）压力系统

应符合《移动式道路施工机械　通用安全要求》GB 26504—2011 中 5.11 的规定。

7）防火

应符合《移动式道路施工机械　通用安全要求》GB 26504—2011 中 5.12 的规定。

8）热表面

应符合《移动式道路施工机械　通用安全要求》GB 26504—2011 中 5.13 的规定。

9）信号装置和警示标志

应符合《移动式道路施工机械　通用安全要求》GB 26504—2011 中 5.14 及下列的规定。

在铣刨鼓防护装置或铣刨鼓的活动式防护装置的两侧。应有清晰可见的永久性标志。警告标志为“警告！铣刨鼓正在旋转”的文字警告标志和符合图 5-3 的三角形警示标志（黑色图形，黄色衬底），三角形图形警告标志的尺寸应符合《机械电气安全指示、标志和操作　第 1 部分：关于视觉、听觉和触觉信号的要求》GB 18209.1—2010 中附录 NA 的规定。

图 5-3　警告标志

10）液化气装置

应符合《移动式道路施工机械　通用安全要求》GB 26504—2011 中 5.15 的规定。

11）电气和电子系统

应符合《移动式道路施工机械　通用安全要求》GB 26504—2011 中 5.16 的规定。

12）兼容性（EMC）

应符合《移动式道路施工机械　通用安全要求》GB 26504—2011 中 5.17 及下列的规定。

测量时天线应先后放置在铣刨机的左右两边，与机器的纵向对称面平行，并和座椅标定点（SIP）成一直线。

13）噪声和振动

应符合《移动式道路施工机械　通用安全要求》GB 26504—2011 中 5.18.2-3 及下列的规定。

噪声试验应符合附录 A 的规定。

14）输送装置

应符合《移动式道路施工机械　通用安全要求》GB 26504—2011 中 5.18.2-3 及下列的规定。

在带有输送机的铣刨机中，输送机应配备安全钢丝绳，避免在输送机拉伸油缸出现断裂后，输送机发生坠落。

15）安全要求和/或防护措施的确认检查

应符合《移动式道路施工机械　通用安全要求》GB 26504—2011 中第 6 章的规定。

16）使用信息

应符合《移动式道路施工机械　通用安全要求》GB 26504—2011 中第 7 章的规定。

第三节　《道路施工与养护机械设备　路面铣刨机》GB/T 25643—2010

一、范围

本标准规定道路施工与养护机械设备 路面铣刨机（以下简称铣刨机）的术语和定义、分类、要求、试验方法、检验规则和标志、使用说明书、包装、运输、贮存。

本标准适用于可自行的履带式铣刨机和轮式铣刨机。

本标准不适用于牵引式铣刨机、手推式铣刨机和带铣刨机等非专用铣刨机。

二、术语与定义

1. 路面铣刨机

用于铣刨路面材料的自行式道路养护施工机械。

2. 铣刨鼓

由（液压或机械）动力驱动，并装有金属刀具，能够通过旋转运动完成路面铣刨作业的主工作装置。

3. 工作质量

具有全部标准配置，有或无驾驶室，有或无防倾翻保护装置等的基本型设备；配有驾驶员（质量 75kg/人）。燃料箱加满，所有的液压系统或润滑油箱都应在其容重的范围之内，喷洒水箱容量按 50%计算重量的总质量。

4. 铣刨宽度

铣刨鼓两端修边刀头最外点在水平面上投影的距离。

5. 铣刨深度

铣刨后的工作面与铣刨深度基准面之间的垂直距离。

6. 深度控制系统

用于获得与维护铣刨工作深度的手动和自动控制装置。

7. 输送装置

用于收集铣刨废料并进行传送的成套装置。

8. 铣刨刀具（以下简称刀具）

嵌有硬质合金刀尖，安装在主工作装置的筒体上进行铣刨作业的切削机体。

第四节 《移动式道路施工机械 通用安全要求》GB 26504—2011

一、应用范围

本标准规定了移动式道路施工机械设计和制造的通用安全要求。本标准给出了移动式道路施工机械在预定使用和可合理预见的错误使用条件下可能发生的所有重大危险，并且规定了可消除或减小这些重大危险的适当技术措施。

本标准适用于附录 A 所列的移动式道路施工机械以及没有具体安全要求标准的其他移动式道路施工机械。

本标准规定的所有类型移动式道路施工机械的安全要求，应与具体机种的安全要求标准联合使用。

这些具体机种的安全要求标准不再重复本标准的要求，而是对本标准进行补充或代替本标准中不合适的部分。

对于具体机种，应首先满足其特殊安全要求。

二、术语与定义

1. 移动式道路施工机械

预定用于道路施工、养护与标识的移动式机械。

注：附录 A 中所列出的机械。

2. 机器质量

（1）工作质量

机器主机及带所有标准装置的质量，带或不带驾驶室、带或不带翻车保护装置（ROPS）等，带司机质量（75kg）以及半满的燃油箱和所有液体系统。有洒水装置的，其水箱半满。

（2）最大质量

工作质量加上主机的附属装置所有的必需组成部分（如压重和所有可组合的选项）以及全满的洒水装置水箱的质量。

3. 止一动式操控

只有在操纵该装置时，机器才能实现其功能。当操纵取消时，机器自动回到无危险状态。

4. 随行操控式机械

操作人员随行或遥控控制的自行式道路施工机械。

第五节 《非道路移动机械用柴油机排气污染物排放限值及测量方法(中国第三、四阶段)》GB 20891—2014

2016年1月18日，环保部发布2016年环保部第5号公告，宣布GB 20891《非道路移动机械用柴油机排气污染物排放限值及测量方法（中国第三、四阶段）》（以下简称《非道路标准》）将分步实施。所有制造、进口和销售的农用机械，将从2016年12月1日起，不得装用不符合“国三”标准的柴油机。非道路移动机械生产企业作为环保生产一致性管理的责任主体，应确保实际生产、销售的机械达到《非道路标准》相应要求。同时，按照《中华人民共和国大气污染防治法》将相关环保信息进行公开。环境保护部将加强生产、销售环节监督检查，严厉打击违法生产销售不达标产品行为。对生产、进口、销售不符合《非道路标准》要求的，环境保护部会同有关部门依法进行处罚。

为进一步减少非道路移动机械污染排放，改善空气质量，全国多地相关部门纷纷划定禁止使用高排放非道路移动机械区域，为此提醒摊铺机设备业主、服务上、操作者、维修保养人员密切注意以上有关环保法规和国家标准、地方标准等。

施工选配摊铺机设备时，应密切注意环保法规和排放标准。

高排放非道路移动机械的认定（以太原、北京、郑州等地文件为例）：非道路移动机械系不在道路上行驶的机械，主要为工程机械、农业机械、林业机械、园林机械、船舶运输等机械，包括但不限于装载机、推土机、压路机、挖掘机、打桩机、沥青摊铺机、拖拉机、发电机、联合收割机、非公路卡车等。

高排放非道路移动机械为：国一及以下标准（2009年10月1日前生产）的非道路移动机械。

第六章　常 用 标 志 标 识

第一节　铣刨机机身标识

一、警告警示标识（表 6-1）

标识解释　　表 6-1

指示标志图形符号	含　义
（三角形感叹号标志）	这是“注意安全”的标记，当在机器上或安全手册上见到此标记时，应意识到存在可能使人员受到伤害的危险，请遵循所建议的注意事项和安全操作方法，在机器安全标牌上，表示危害程度的词汇“危险”、“警告”或“注意”
⚠危 险	“危险”是指有直接危险的情况，如不避免将造成死亡或重伤
⚠警 告	“警告”是指有潜在危险的情况，如不避免可能造成死亡或重伤
⚠注 意	“注意”是指有潜在危险的情况，如不避免可能造成轻度或中度受伤，在安全手册中，“注意”也适用提醒对安全指示的注意
重 要	为避免机器保护与人身安全之间的混淆，采用信号词汇“重要”来表示可能造成机器损坏的情况
注	“注”用来对个别信息进行附加说明
提 示	“提示”用来对个别信息进行附加说明
（禁止标志）	说明此操作不符合安全规程，被禁止或容易发生伤害的事故
（对勾标志）	说明此操作符合安全规程

二、机身安全标识（表 6-2～表 6-5）

标识颜色 **表 6-2**

安全颜色	用途	注意/具体情况
红色	禁止	危险行为
	危险	停机、消除
黄色	警告	留心、注意、检查
绿色	求助、逃生	门、出口、逃生路线、位置、空间
	无危险	返回正常环境
蓝色	必须遵循	特殊行为或工作（例如强制穿防护服）

位置性标识（以三一产品标识为例介绍） **表 6-3**

指示标志图形符号	名　称
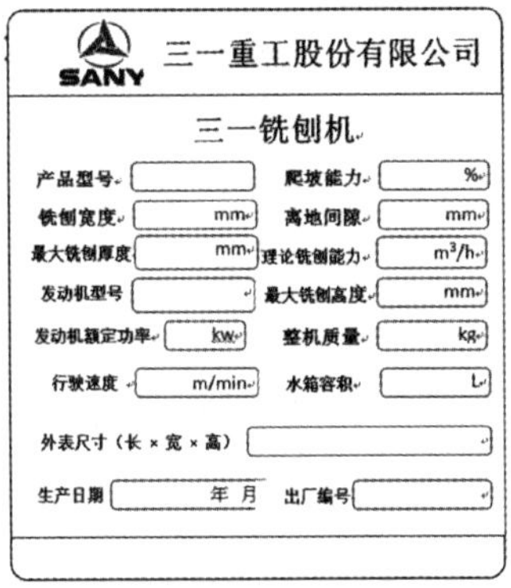 SANY 三一重工股份有限公司 三一铣刨机 产品型号 爬坡能力 % 铣刨宽度 mm 离地间隙 mm 最大铣刨厚度 mm 理论铣刨能力 m^3/h 发动机型号 最大铣刨高度 mm 发动机额定功率 kw 整机质量 kg 行驶速度 m/min 水箱容积 L 外表尺寸（长×宽×高） 生产日期 年 月 出厂编号	产品铭牌
	操作手册存放位置
D	油箱位置
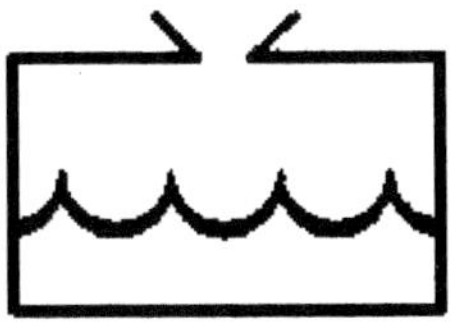	水箱位置

续表

指示标志图形符号	名　　称
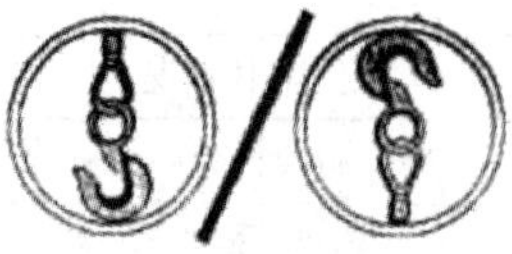	吊装或拖拽点
	液压油箱
 润滑油脂加注点 Grease point	润滑脂加注点
	佩戴耳机保护听力
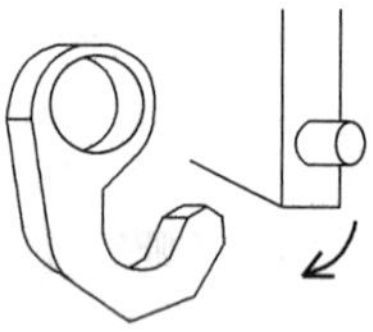	尾门挂钩
	不是饮用水
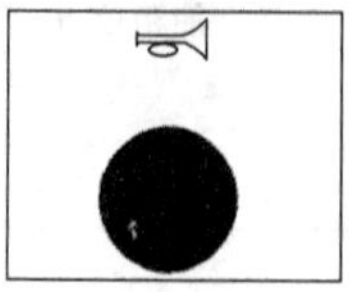	警示灯
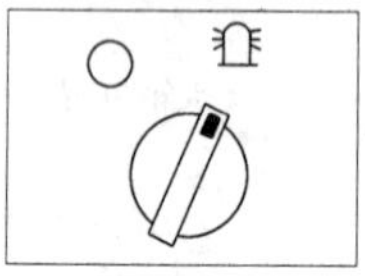	倒车喇叭

功能性提示标识　　表 6-4

指示标志图形符号	名　　称
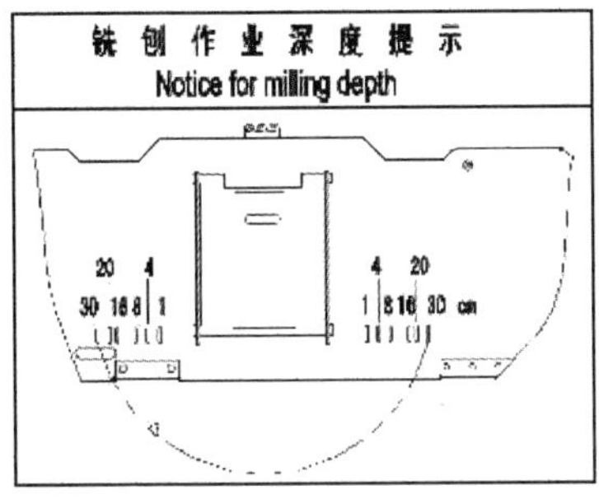	铣削深度提示
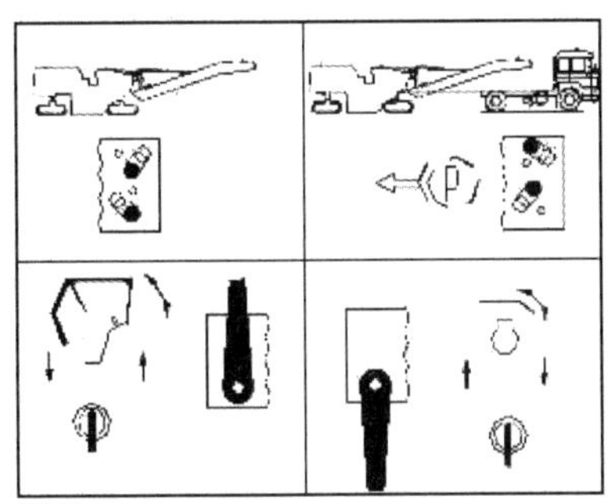	工作状态下：升高或降低发动机罩与凉棚； 托拽状态下：释放液压行走制动
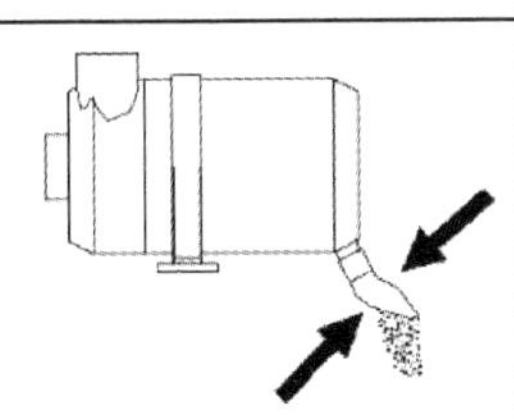	放尘提示
发动机燃油油品质量提示 Notice for engine fuel quality 为了保证发动机持续可靠地工作，具有长久的使用寿命（延缓大修时间，减少大修次数），使发动机给您带来最佳的经济效益和最低的使用成本，请务必在正规加油站加注正规厂家生产的正品燃油！！！ If you want your engine work continuesly、unfailingly,and have long life(stay heavy repair time,reduce heavy repair total time),to make engine bring largest oecumenical income and least use cost,please adding high quality、high grade feel at the canonicite gas station which come from canonicite manufactory or company!!!	油标指示

续表

指示标志图形符号	名　称
铣刨鼓防冻提示 Notice for milling drum anti-freeze 冬季气温低于-30°时，必须将铣刨鼓内混合液放干净，防止冰冻损伤。 The milling drum must be emptied when temperature is below -30° C in winter.	铣刨鼓防冻提示
注意 CAUTION	铣刨盖掀开
卸压旋钮警示 Warnning for the let out knob 在操作卸压旋钮前请确保发动机舱盖和顶棚下无人！！！ Please make sure that thear is nobody under the engine room cover and the canopy when you operate the let out knob!!!	卸压提示

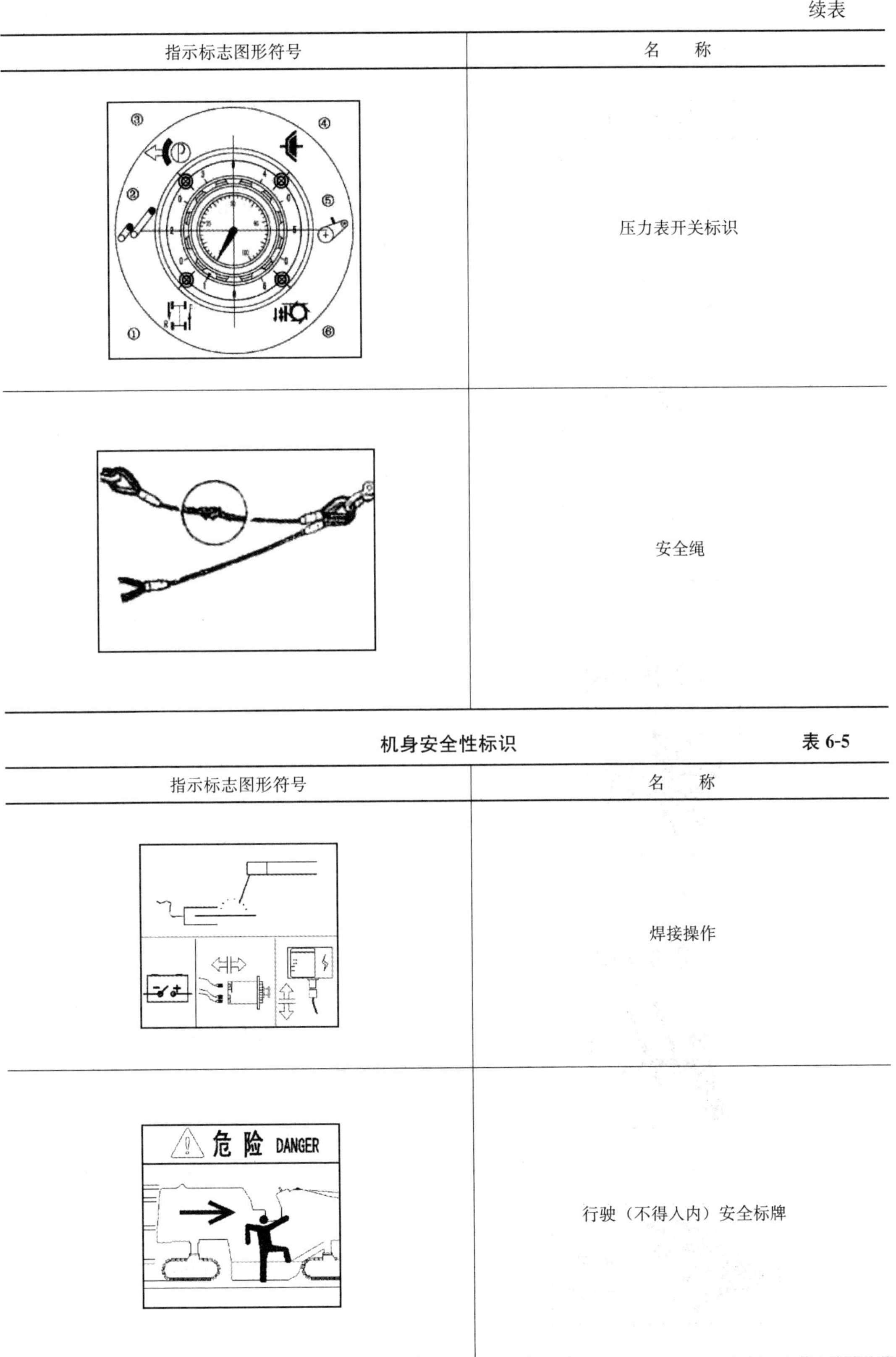

续表

指示标志图形符号	名　　称
	压力表开关标识
	安全绳

机身安全性标识　　表 6-5

指示标志图形符号	名　　称
	焊接操作
	行驶（不得入内）安全标牌

续表

指示标志图形符号	名　称
危险 DANGER	小心电线
注意 CAUTION	倾翻危险
危 险 DANGER	夹伤警告
危 险 DANGER	防止皮带伤害
危 险 DANGER	防止输送带伤害

续表

指示标志图形符号	名　　称
 危险 DANGER	危险区域禁止入内
	禁止入内
 危险 DANGER	小心烫伤
	防止伤脚

续表

指示标志图形符号	名　称
 危险 DANGER	向后行驶警告
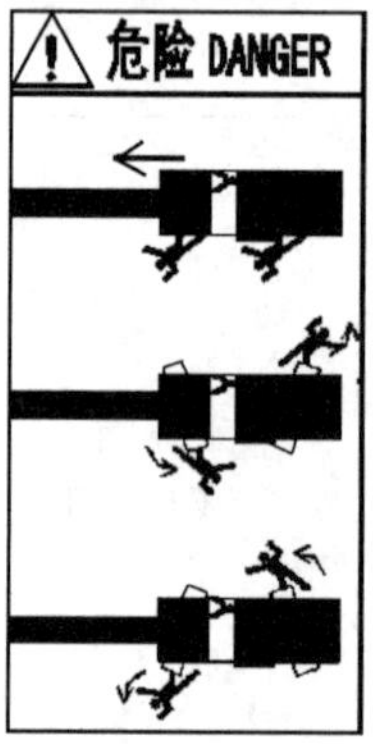 危险 DANGER	机手盲区

第二节　常见交通导向标志

路面施工现场一般应设立保护区隔的作业区域，做好道路分流和现场车辆指挥疏导，常见的导向标志名称、图形符号、设置范围和地点的规定见表 6-6。

导向标志　交通警告标志　　**表 6-6**

指示标志图形符号	名称	设置范围和地点	禁令标志图形符号	名称	设置范围和地点
	直行	道路边		停车位	停车场前
	向右转弯	道路交叉口前		减速让行	道路交叉口前
	向左转弯	道路交叉口前		禁止驶入	禁止驶入路段入口处前

续表

指示标志图形符号	名称	设置范围和地点	禁令标志图形符号	名称	设置范围和地点
	靠左则道路行驶	需靠左行驶前		禁止停车	施工现场禁止停车区域
	靠右则道路行驶	需靠右行驶前		禁止鸣喇叭	施工现场禁止鸣喇叭区域
	单行路（按箭头方向向左或向右）	道路交叉口前	5	限制速度	施工现场入出口等需限速处
	单行路（直行）	允许单行路前	3m	限制宽度	道路宽度受限处
	人行横道	人穿过道路前	3.5m	限制高度	道路、门框等高度受限处
10t	限制质量	道路、便桥等限制质量地点前	检查	停车检查	施工车辆出入口处
慢	慢行	施工现场出入口、转弯处等		向右急转弯	施工区域急向右转弯处
	向左急转弯	施工区域急向左转弯处		上陡坡	施工区域陡坡处，如基坑施工处

续表

指示标志图形符号	名称	设置范围和地点	禁令标志图形符号	名称	设置范围和地点
	下陡坡	施工区域陡坡处，如基坑施工处		注意行人	施工区域与生活区域交叉处

第三节　道路施工作业安全标志

铣刨机在道路上进行施工时应根据道路交通的实际需求设置施工标志，路栏，锥形交通路标等安全设施，夜间应有反光或施工警告灯号，人行道上临时移动施工应使用临时护栏。应根据现行，交通状况，交通管理要求，环境及气候特征等情况，设置不同的标志。常用的安全标志表6-7已经列出，具体设置方法请参照《道路交通标志和标线》GB 5768—2009的有关规定执行

道路施工常用安全标志　　**表6-7**

指示标志图形符号	名称	设置范围和地点	指示标志图形符号	名称	设置范围和地点
前方施工 1km 前方施工 300m	前方施工	道路边	道路封闭 300m 道路封闭	道路封闭	道路边
右道封闭 300m 右道封闭	右道封闭	道路边	左道封闭 300m 左道封闭	左道封闭	道路边
中间封闭 300m 中间封闭	中间道路封闭	道路边		施工路栏	路面上
	向左行驶	路面上		向右行驶	路面上

续表

指示标志图形符号	名称	设置范围和地点	指示标志图形符号	名称	设置范围和地点
向左改道	向左改道	道路边	向右改道	向右改道	道路边
	锥形交通标	路面上		道口标柱	路面上
				移动性施工标志	路面上

参 考 文 献

[1] GB 26504—2011 移动式道路施工机械 通用安全要求[S]. 北京，中国标准出版社，2012

[2] GB/T 30753—2014 移动式道路施工机械 路面铣刨机安全要求[S]. 北京，中国标准出版社，2015

[3] JGJ 348—2014《建筑工程施工现场标志设置技术规程》. 北京，建工出版社，2015

[4] 《施工机械基础知识》王春琢 中国建筑工业出版社

[5] 《建设机械岗位普法教育与安全作业常识读本》王平中国建筑工业出版社

[6] 国内路面铣刨机市场状况及发展趋势，韩群英，《建筑机械》2014 年 11 期

[7] 葛恒安；中国铣刨机行业现状与发展趋势[J]；交通世界；2004 年 10 期

[8] 张启君；国内外铣刨机概况[J]；交通世界；2006 年 07 期

[9] 周里群，许武全，龙国键；路面铣刨机的发展历程与研究进展[J]；建设机械技术与管理；2005 年 04 期

[10] 田晋跃，向华荣；路面铣刨机铣削阻力及其参数影响规律分析[J]；江苏大学学报(自然科学版)；2004 年 05 期

[11] 国内外铣刨机概况，张启君，机械广场